Les Années Dabadie

Du même auteur

La culture nous sauvera, avec David Lisnard, Éditions de l'Observatoire, 2021.
Quand la France est au pied du mur. De Clovis aux taxis de la Marne, Cerf, 2019.
La Dette de Louis XV, Cerf, 2017.
L'Opéra de Paris. Coulisses et secrets du palais Garnier, avec Jean-Philippe Saint-Geours, Plon, 2015.
Internet et libertés, CNRS Éditions, 2010.
Le Surintendant de Versailles. Grandes et petites histoires d'un château mythique, Éditions du Moment, 2010.

Christophe Tardieu

Les Années Dabadie

Éditions de
L'Observatoire

ISBN : 979-10-329-2620-8
Dépôt légal : 2023, octobre

170 *bis*, boulevard du Montparnasse, 75014 Paris

Introduction

Éloge de la culture populaire

Peut-on croire que certains milieux, se présentant souvent comme progressistes, considèrent la culture populaire comme un oxymore ? Cela ne surprendra personne, car dans ce domaine le mépris a souvent servi de viatique. On connaît tous cette tendance à considérer avec hauteur ces chansons que tout le monde fredonne dans la rue ; à se moquer des comédies populaires qui font aller des millions de Français au cinéma ; à opposer jusqu'à la caricature théâtre public et théâtre privé, à refuser de mener une véritable politique d'éducation artistique et culturelle. Cette culture populaire dont on parle en se pinçant le nez est trop franchouillarde, a des relents « nauséabonds », s'avère trop ringarde, n'intéresse plus les jeunes !

Et pourtant... Cette culture populaire nous est totalement indispensable, car elle nous rassemble : jeunes, vieux, riches, pauvres, citadins, ruraux... Dans notre société polyfracturée, souvent proche de la guerre civile, la culture populaire est un ferment. Elle favorise ce qui manque aujourd'hui le plus à notre société : le partage.

La culture populaire réunit d'abord les générations : seuls des films comme *La Grande Vadrouille*, *La Folie des grandeurs*, *Les Visiteurs* ou *Bienvenue chez les Ch'tis* sont capables de réunir trois générations autour d'un même écran. Il est frappant de constater que de grands chanteurs, français ou étrangers, ont certes vieilli avec leur public, mais réussissent encore à largement attirer les plus jeunes.

La culture populaire est aussi un instrument de lutte contre les réseaux sociaux et les plateformes dont le modèle économique repose sur l'hystérisation et l'enfermement. Mieux, elle s'entretient, elle se nourrit : dans les cours de récréation pour les plus jeunes, autour de la machine à café pour les adultes.

Elle s'incarne aussi dans ces grands spectacles avec des artistes qui rassemblent des milliers de personnes à travers la France. Personne n'est forcé d'acheter une place de concert, et un artiste se fait rarement acclamer par hasard.

Certes, le microcosme et Saint-Germain-des-Prés adoreront faire la fine bouche, montrer une moue dédaigneuse et méprisante. Peu importe. Les grands artistes populaires restent dans l'histoire et dans le cœur des braves gens. Ceux qui sont « à la mode » sont vite oubliés. Tant mieux. Les exemples abondent : d'abord tous ces films devenus cultes que l'intelligentsia de l'époque crut bon de mépriser. Faut-il rappeler à quel point la Nouvelle Vague a incendié le film *Les Tontons flingueurs*, dont les répliques d'Audiard font encore le bonheur de milliers de Français de toute condition, jusqu'au plus haut niveau de l'État ? Qui n'a jamais chanté sur un télésiège à l'arrêt « Quand te reverrais-je, pays merveilleux ? », alors que le Splendid inspire à tort la pitié à la critique ? De Funès avait-il véritablement été reconnu à la hauteur de son talent jusqu'à ce que la Cinémathèque française ose en 2020 lui consacrer une exposition ? Que dire d'Alain Delon, le plus grand acteur du cinéma français, qui a tourné avec des monstres sacrés, trop rarement célébré car populaire et surtout conjuguant la tare d'être conservateur et gaulliste ?

L'essence d'une nation, disait Renan, est que tous les individus aient beaucoup de choses en commun. Une société ne peut vivre durablement sans ce liant. Notre pays ne peut être une juxtaposition de communautés séparées. Le football peut rassembler, mais il demeure un spectacle éphémère. La culture est beaucoup plus durable, car elle reste dans les cœurs et les esprits.

Elle s'incarne grâce à des acteurs, des chanteurs, des humoristes qui font partie de nos vies. Certains ont disparu, mais ils continuent de nous accompagner et on les revoit toujours avec plaisir. La liste de ces grands noms est interminable et traduit avant tout la vigueur et la force de notre culture populaire française.

Pour permettre à ces artistes de s'exprimer, de raconter des histoires inoubliables, de faire rire, pleurer, de faire rêver, il faut des auteurs d'une trempe toute particulière qui soient capables de capter l'air du temps, dans la rue, les bistrots ou les magasins où ils repèrent les phrases ou expressions qui feront mouche sur le grand écran. Les scénaristes, écrivains du quotidien, sont en général peu connus. C'est injuste, car sans eux, les grandes vedettes interprètes demeurent sans voix.

Il est souvent réducteur de considérer que ces auteurs populaires sont simplement capables de retranscrire l'air ambiant. Il est impossible de marquer durablement une époque sans en avoir saisi l'environnement, mais surtout et avant tout la réalité la plus crue. Parfois, leur talent leur permet même de traiter des sujets universels et d'en faire des chefs-d'œuvre.

Jean-Loup Dabadie fait éminemment partie de ces auteurs populaires à qui nous devons tant. Auteur de sketchs qui ont fait mourir de rire la France entière, de chansons qui font partie de notre patrimoine musical et scénariste de très nombreux films, Dabadie est un de ces génies du quotidien qui nous accompagne depuis toujours.

Les historiens n'ont pas le monopole pour évoquer une époque. Les plus fins d'entre eux, tel Zweig, ne sont-ils pas aussi et d'abord de grands auteurs, car disposant de cette capacité à analyser les ressorts psychologiques les plus enfouis de leurs personnages ? Dabadie n'est pas un historien. Néanmoins les films qu'il a écrits donnent une image passionnante et très juste de cette France de la période pompidolo-giscardienne, de ce pays encore prospère, en pleine croissance économique, mais commençant à connaître les premiers effets de la crise. Une France normale, industrielle où l'ascenseur social existe encore. Si les personnages de Dabadie sont plutôt des bourgeois, ils cachent tous des fragilités fortes.

Les artistes et notamment les auteurs traversent des périodes particulièrement fécondes pendant lesquelles leur art se transcende. Pour Dabadie, la période 1967-1981 est, sans aucune hésitation, celle pendant laquelle la force de ses textes est la plus grande. Nul mieux que lui n'a su dépeindre cette époque de transition politique, économique et sociale de notre pays, période heureuse avant tout, car la France ne traversait pas l'une de ses nombreuses crises existentielles et les ferments de la division ne s'exprimaient pas encore. Frédéric Vitoux, dans sa réponse au discours de réception de Jean-Loup Dabadie à l'Académie française, le résumera merveilleusement :

> Si dans les décennies futures, un sociologue ou un historien voulait se pencher sur notre Ve République, depuis ses origines, et comprendre comment vivait la France non pas profonde ou d'en bas (des qualificatifs dédaigneux n'ont aucun sens !), mais majoritaire, celle qui a contribué à sa prospérité économique, à incarner ses modes de vie, de penser, d'agir et de se distraire, je crois bien qu'il serait avisé de se pencher sur votre œuvre cinématographique... Vous êtes cependant, selon une formule trop convenue, un précieux témoin de notre temps, de notre histoire. Il y a du Balzac en vous !

Nous allons donc nous employer à démontrer l'exceptionnelle qualité des textes de Dabadie en ce qu'ils sont parfaitement ancrés et révélateurs de leur période, mais aussi et surtout remettre en lumière leur incroyable modernité. Le choix des œuvres de Dabadie – scénarios, sketchs, chansons – sera forcément partiel et partial. Les plus beaux textes nous semblent être ceux qui sont essentiellement issus d'une collaboration très étroite avec Claude Sautet et Yves Robert. C'est sans doute là que la « patte » de Jean-Loup Dabadie se fait le plus sentir et lui permet de passer du rôle de scénariste de talent à celui de grand écrivain.

C'est à la rencontre de cet incomparable témoin, qui, à l'instar de Balzac, a su si bien décrire ses contemporains, mais a surtout réussi à être le peintre exquis de toutes les passions humaines et intemporelles, que le présent ouvrage vous invite.

Préambule

Dabadie : un génial touche-à-tout

Né à Paris en 1938, d'un père parolier de grands chanteurs (Jean Sablon, Maurice Chevalier, Les Frères Jacques...) et d'une mère qu'il adulait, à demi italienne, attachée de presse chez Radio Luxembourg, Jean-Loup Dabadie va passer toute son enfance à Grenoble auprès de ses grands-parents. Bachelier à 16 ans, brillant élève, il suit les cours d'hypokhâgne et de khâgne à Louis-le-Grand, à Paris. Il se passionne très vite pour l'écriture et publie son premier roman, *Les Yeux secs*, à 19 ans puis *Les Dieux du foyer* à 20 ans, qui raconte l'histoire d'un couple qui se disloque à Grenoble. L'analogie avec la souffrance ressentie par le jeune Dabadie lors du divorce de ses parents est évidente. Ce drame familial marquera une grande partie de son œuvre[1]. Nous y consacrerons un long développement.

Il est repéré par Pierre Lazareff – excusez du peu –, pour qui il travaille et qui lui apprend le métier de journaliste, tout en collaborant à des revues littéraires où il côtoie Jean-Edern Hallier, Philippe Sollers, Jean-René Huguenin, Antoine Blondin, Paul Guimard, François Truffaut...

1. À un journaliste lui demandant son plus grand regret, Dabadie répondit sans hésiter : « Le divorce de mes parents. »

Mais il faut bien partir au service militaire. Dabadie s'ennuie ferme dans un régiment de parachutistes à Tarbes ; il décide de concevoir des textes pour un jeune inconnu très prometteur qu'il a vu à la télévision dans une émission de Jean-Christophe Averty. Il n'avait jamais écrit de sketch auparavant, mais, avec une lampe de poche et une couverture sur la tête, il écrit nuitamment les textes *Bonne fête, Paulette*[1] et *Le Boxeur*, qu'il envoie *via* la Poste aux armées à « Jean-Christophe Averty, Télévision française[2] ».

Quelle n'est pas sa surprise de voir quelques mois plus tard le jeune Guy Bedos interpréter à la télévision *Bonne fête, Paulette*. C'est le début d'une collaboration qui durera une vie entière, jusqu'à ce sinistre second semestre de 2020 où les deux compères quittèrent les planches à seulement quatre jours d'intervalle.

Dabadie excelle à s'emparer d'un individu qui est souvent Monsieur Tout-le-Monde aux prises avec les difficultés de la vie. Grâce à un sens inné de l'observation, il va donner vie à ses personnages, permettant ainsi à Guy Bedos de déclarer : « Les textes de Dabadie ne sentent jamais le papier. »

Mais un tel talent ne peut s'arrêter là. À partir de 1967, Dabadie va se lancer dans l'écriture de texte de chansons. Bon sang ne saurait mentir ! Est-ce un discret hommage à son père, parolier des années 1950 et 1960, dont il s'est vite détaché ? L'amuseur devient

1. Ce sketch va devenir culte : « Bonne fête Paulette, et je lui donnerai mon bouquet, elle a horreur des fleurs, mais justement je déteste ma femme... L'autre jour, je regarde ses jambes, je lui dis, tu as les bas qui plissent... Vlan elle me retourne une claque, elle avait pas de bas... »

2. « Jean-Loup Dabadie : "Les chansons de ma vie" », *L'Invité*, TV5 Monde, 2016.

alors plus sérieux et se transforme en poète. Ses premiers textes écrits pour Reggiani évoquent la mort, la séparation, l'absence, thématiques que l'on retrouvera dans ses scénarios. À l'instar du premier sketch pour Guy Bedos, le premier texte d'une chanson pour Reggiani, *Le Petit Garçon*, sera écrit en un après-midi. Le temps manque tellement que Dabadie laisse un mot isolé, « Seul », détaché du reste du texte, car il n'a pas trouvé de rime. Mais c'est le coup de génie, car l'adjectif repris pendant toute la chanson montre un sentiment écrasant de solitude du père face à son jeune fils.

Les plus grands artistes vont se succéder. Après Reggiani, ce sera Régine, Polnareff, Mireille Mathieu, Dutronc, Julien Clerc... Il écrit même un texte non chanté pour Jean Gabin, *Maintenant je sais*, qui est un immense succès. Là encore, les chefs-d'œuvre pleuvent et font partie du patrimoine de la chanson française. Pour Reggiani, ce sera *De quelles Amériques*, *L'Italien*, *Le Vieux Couple*... À Régine, il offre *Il m'a laissé deux cigarettes*, *Les Filles de la rue d'Amérique*. Polnareff obtiendra *Tous les bateaux, tous les oiseaux*, *Dans la maison vide*, le mythique *On ira tous au paradis*, *Lettre à France*. Il va écrire probablement les plus belles chansons de Julien Clerc, de *Ma préférence* – qu'il achèvera seulement au bout de sept longs mois – à *Femmes je vous aime*, sans oublier le très politique *L'Assassin assassiné*. Julien Clerc définit très bien ses œuvres : « C'est quand on les a en bouche qu'on se rend compte de leur force. Jean-Loup Dabadie n'est pas musicien, mais il est musical. »

Un sketch, une chanson ne captent qu'un instant. Un tel talent de peintre des sentiments les plus profonds et les plus purs ne pouvait rester indifférent au théâtre et au cinéma. Le génial touche-à-tout qu'est Dabadie va commencer par le théâtre, en 1967, avec *La Famille écarlate* puis s'essaie au cinéma. Là encore, la liste des réalisateurs pour lesquels il écrit impressionne : Truffaut, Pinoteau, Rappeneau, de Broca, mais c'est surtout avec Claude Sautet et Yves Robert que s'exprimera le mieux le génie de Dabadie à raconter son siècle et les êtres humains. Pourquoi ces deux derniers ? D'abord et avant tout grâce à l'exceptionnelle entente qui existait dans le couple « Dabadie-Sautet » et « Dabadie-Robert »[1].

Peut-être parce que ces deux réalisateurs ne sont jamais pris au sérieux ou n'ont jamais été pris au sérieux. Yves Robert le dit fort bien : « On n'a pas besoin d'être Flaubert pour faire du cinéma[2]. » Quant à Sautet, Thierry Frémaux écrit très justement : « Ce réalisateur à succès ? Cet auteur bourgeois pour les bourgeois qui en pleines années 1970 préférait parler des tourments de la cinquantaine que de la Révolution[3] ? ». Les consternants cahiers du cinéma iront jusqu'à dire de Sautet qu'il est « cet héritier de la qualité française

1. Dabadie collaborera une fois avec François Truffaut pour *Une belle fille comme moi*. Le film est incontestablement bon, mais se situe en deçà de ce que les deux hommes peuvent et savent faire. Truffaut le racontera : « À la réflexion, le film a peut-être souffert d'un malentendu. Nous nous sommes embarqués tous les deux comme Fernandel et Noël-Noël dans *Adémaï aviateur*, chacun croyait que l'autre savait piloter. » Truffaut n'en voudra pas à Dabadie puisqu'il lui proposera de travailler sur *Le Dernier Métro*. Mais ce dernier déclinera, faute de temps (cité par Véronique Dabadie, dans *Conversations avec Jean-Loup*, Le Cherche Midi, 2009).

2. Yves Robert, *Un homme de joie*, Flammarion, 1996.

3. Michel Boujut, *Conversations avec Claude Sautet*, Institut Lumière/Actes Sud, 1994.

honnie », ce qui n'empêche pas Frédéric Bonnaud de s'interroger : « N'est-il pas le Ozu français ? »

Sautet avait besoin de Dabadie et le reconnaissait bien : « Je n'aime pas travailler seul, car je n'aime pas écrire. Et puis, c'est très important ce plaisir de la relation sociale avec le scénariste. Sinon je serais pris d'inhibition[1]. »

Yves Robert ira encore plus loin : « Je regrette Jean-Loup, notre complicité. Nous avions de vrais rapports de couple. Un peu amoureux... Dabadie venait faire chez moi des facéties que Claude [Sautet] ne lui permettait pas... Il y a chez Jean-Loup, je le sais, un plaisir très grand de passer d'un genre à un autre, du rire aux presque larmes[2]. » Cela permettra même à Jean-Louis Bory, critique au *Nouvel Observateur*, d'écrire au sujet du diptyque *Un éléphant ça trompe énormément* et de *Nous irons tous au paradis* : « rire sans rougir ». La comédie populaire qui a toujours triomphé dans le cœur des braves gens a-t-elle aussi gagné les intellectuels de gauche ?

Auteur « mélancomique », dira Michel Piccoli, pour qui Dabadie va écrire des rôles immenses, de Pierre Bérard des *Choses de la vie* à François, dans *Vincent, François, Paul et les autres*. Merveilleuse définition, tant Dabadie excelle dans ses films à raconter le temps qui passe avec ses drames et surtout ses éclats de rire. N'est-ce pas le magnifique refrain de la chanson qu'il écrit pour Reggiani *Les Mensonges d'un père à son fils* ?

Tu verras,
Les amis ne meurent pas

1. Michel Boujut, *Conversations avec Claude Sautet*, ouvr. cité.
2. Yves Robert, *Un homme de joie*, ouvr. cité.

Les enfants ne vous quittent pas
Les femmes ne s'en vont pas

Il est largement temps de s'intéresser à ce qu'un homme de lettres et d'esprit sans pareil a pu dire de la société des années 1970, mais aussi, en génial visionnaire, sur la nôtre.

Partie 1

L'étonnante société des années 1970

Ces années tiennent une place particulière dans l'histoire de notre pays. Les personnes de plus de 80 ans à l'époque ont connu, voire vécu la Première Guerre mondiale, ses immondes boucheries et l'Occupation entre 1940 et 1944. La génération montante, qui est aux commandes du pays, est née juste avant et pendant la Seconde Guerre mondiale. Leurs enfants font encore partie du baby-boom qui a tant permis à notre pays de se développer.

D'un point de vue économique, les années 1970 sont une véritable charnière. C'est la fin de l'expansion économique et des Trente Glorieuses, et le début d'une crise économique entraînant faillites, inflation et chômage dont il n'est pas certain que nous soyons sortis.

Au point de vue des mœurs, la société corsetée a volé en éclats avec Mai 68. Mais il faut attendre le milieu des années 1970 pour voir arriver deux réformes sociétales fondamentales : la majorité à 18 ans et le droit à l'avortement.

Dabadie s'intéresse surtout à une partie de la société, celle que Frédéric Vitoux décrit comme « ce type de représentant des classes moyennes, chaleureux, heureux d'avoir réussi dans les affaires, qui préfère les bistrots de quartier aux cafés philosophiques et les vestiaires de ses clubs de sport où il plaisante avec ses amis, aux coulisses des théâtres d'avant-garde, à des librairies de livres anciens du Quartier latin... Ces personnages contradictoires, chaleureux, et impatients parfois peuvent avoir toutes nos qualités et tous nos défauts ? Nous nous reconnaissons en eux[1] ».

Quel plus bel exemple que la mythique scène du gigot dans *Vincent, François, Paul et les autres* qui symbolise parfaitement la thèse du présent ouvrage : le témoin parfait des années 1970 tout en demeurant intemporel dans son traitement.

La scène est de prime abord banale : Vincent, chef d'entreprise (Yves Montand), François, médecin (Michel Piccoli), Paul, écrivain (Serge Reggiani), Jean, apprenti boxeur (Gérard Depardieu), leurs compagnes respectives, Marie (Ludmila Mikaël), Lucie (Marie Dubois) Julia (Antonella Lualdi) et Colette (Catherine Allégret), ainsi que des amis, sont attablés. François est chargé de découper le gigot dominical, scène qui s'est répétée des milliers de fois, hier comme aujourd'hui, dans des milliers de familles ou de groupes d'amis.

1. Discours de réception de Jean-Loup Dabadie à l'Académie française.

1

Quand Dabadie avait prévu la crise des Gilets jaunes

Comme dans tous les déjeuners dominicaux, entre proches amis, la conversation fuse. Jacques (Umberto Orsini), qui n'était pas venu depuis longtemps, note ne pas avoir reconnu le paysage et regrette la disparition des petites maisons de banlieue au profit de grandes tours. Un dialogue va alors s'instaurer entre François (Michel Piccoli) et Pierre (Jean-Denis Robert), le fils de Paul et Julia. Pierre regrette que pour construire ces grands ensembles, il ait fallu expulser les personnes qui habitaient dans ces petites maisons. François note qu'on les reloge. À quoi Pierre répond qu'ils doivent s'installer dans des HLM, mais que, malgré cela, ils ne peuvent pas se payer de tels loyers. Parfaitement indifférent au sort de ces personnes et assez heureux de pouvoir donner une leçon de réalisme au jeune Pierre, François rétorque qu'ils n'ont qu'à aller plus loin. Voyant que la discussion va se tendre, Vincent tente une plaisanterie en suggérant que ces personnes aillent s'installer dans la Creuse ou en Ardèche.

Mais Pierre est un convaincu. Ce qu'il va répondre à François peut parfaitement se transcrire de nos jours. On pourrait même presque dire que Dabadie avait prévu notre situation actuelle et, d'une certaine manière, la crise des Gilets jaunes. « Ceux qui sont déjà à soixante ou cent kilomètres de leur travail, c'est pas une rigolade pour eux. En attendant qu'on les éjecte plus loin. »

François en rajoute. Sa force est de lancer des phrases d'une grande violence morale sur un ton parfaitement neutre : « C'est l'évolution urbaine, c'est inévitable. Il faut savoir s'adapter. »

C'en est trop pour le jeune Pierre, qui explose : « T'es marrant, toi, il faut avoir les moyens de s'adapter. » Bien que très courtois eu égard aux canons du langage actuel, il n'est pas encore usuel qu'un jeune, au milieu des années 1970, vienne contredire ses aînés. François arrête de découper le gigot d'un air excédé et Julia morigène son fils.

Pierre n'a pas tort. Pendant les Trente Glorieuses (1945-1973), la France connaît en effet une crise du logement : il faut à la fois reconstruire les villes détruites pendant la guerre et loger une population en pleine croissance grâce au baby-boom.

Entre 1946 et 1973, le nombre de logements français passe de 12,7 à 20,3 millions. En région parisienne, il y a près de 4 millions d'habitations. Le nombre de logements sociaux passe de moins de 500 000 à près de 3 millions, dont un tiers sous forme de « grands ensembles ». L'ensemble du territoire en connaît pas loin de 350, dont 43 % dans la banlieue parisienne dont ils deviennent le symbole : barres construites trop vite sur d'anciens terrains agricoles de la périphérie, dans des zones enclavées, immenses – jusqu'à 10 000 logements à Sarcelles ! –, sans infrastructures de transports ou d'équipements collectifs. Les cités ghettos sont nées.

Selon une étude, « les populations logées varient évidemment suivant les cités : ce sont des familles françaises chargées d'enfants du baby-boom, souvent migrants provinciaux ; les populations de rapatriés de la décolonisation de l'Empire français les rejoignent... autour d'une majorité d'employés et d'ouvriers, on trouve aussi des cadres moyens et supérieurs. Mais les plus pauvres, les familles très nombreuses, les populations étrangères et immigrées sont logées ailleurs : taudis des villes anciennes, bidonvilles, foyers pour célibataires immigrés, hôtels meublés, cités de transit ou d'urgence[1] ».

Contre toute attente, c'est Paul (Serge Reggiani) qui va venir au secours de son fils en se montrant sournois à dessein dans sa réponse. « C'est François qui a raison, ceux qui n'ont pas d'argent, ils n'ont qu'à s'arranger. Ou pour en avoir ou pour s'en passer. Mais pas pour emmerder les autres. » On voit bien que Paul ne pense pas une seconde ce qu'il dit. Il est tout simplement en train d'enfermer François dans ses rets : « S'adapter, ça signifie quoi ? Ça signifie vivre avec son temps, savoir bouger avec la société. Comme François. Naturellement une seule devise, pour changer de vie, changer d'avis » : magnifique slogan qui pourrait servir à de nombreux responsables politiques !

La construction de la scène est diabolique d'intelligence. Paul rappelle alors à François ses idéaux de jeunesse : « Il ne fallait pas rire avec le progrès social sinon il se fâchait... "Créons et multiplions les dispensaires de banlieue..." "Nous devons soigner les pauvres gratuitement..." "Nous sommes au service du monde..." » Évidemment, Lucie (Marie Dubois),

1. Nicole Seligmann, « Le parc de logements en 1973 et son évolution depuis dix ans », *Économie et statistique*, n° 64, février 1975.

la femme de François, qui vient de recevoir plusieurs rebuffades de son mari, en rajoute : « “La science n’est pas à vendre…” » Paul le résume très bien : « Voilà ce que l’on entendait à Maisons-Alfort dans les années 1950[1] ». Il évoque alors la situation actuelle qui est accablante pour le médecin : « Coup de baguette ! Plus de dispensaire, dis donc, et à la place une clinique toute blanche à l’Étoile ! “Nous sommes au service du monde, mais du beau monde !” » Paul va conclure : « C’est ça l’évolution urbaine, mon petit garçon. Et les autres, ils n’ont qu’à aller s’installer plus loin. C’est ça s’adapter. Tu as compris. »

François explose : « Non, mais je ne vais pas entendre des conneries toute ma vie, recevoir des leçons imbéciles jusqu’à la fin des temps ! » S’il a reçu une cuisante leçon, François refuse d’« écouter, un écrivain qui n’écrit rien, un boxeur qui ne veut pas boxer, des bonnes femmes qui couchent avec n’importe quoi, merde, merde ! »

Vincent, qui est passé à travers les gouttes, à la différence de Paul, Jean et Lucie, essaie de raisonner son ami. Hélas, ce dernier se déchaîne encore davantage : « Ta gueule toi, tu m’emmerdes toi, je t’emmerde, je vous emmerde tous avec votre dimanche et votre gigot à la con ! » Il sort en claquant la porte.

Les convives sont abasourdis et essaient de réagir. Mais le cœur n’y est plus. Paul décide de quitter la

1. En effet, entre les deux guerres puis avec la création en 1945 de la Sécurité sociale, la politique de santé s’oriente plutôt vers une médecine libérale et le rôle des dispensaires municipaux sera de prendre en charge les personnes en marge du système général des soins. Devenus des centres municipaux de santé, on en dénombre aujourd’hui près de 2 500 dont environ 450 polyvalents ou médicaux.

table pour rejoindre François, parti marcher seul dans le jardin, accablé, bouleversé. Il s'agit sans doute de l'une des plus belles scènes du film : la réconciliation timide et maladroite de deux vrais amis. Paul essaie de se justifier « J'suis idiot là. Je sais pas quoi te dire. » François répond immédiatement : « Tu me l'as dit », mais cette phrase qui pourrait paraître définitive est en fait empreinte d'une grande tendresse envers Paul. François reconnaît qu'il a aussi un peu exagéré : « Mais c'est moi aussi… C'est tellement grotesque et je le sais tellement… »

Cette scène magistrale est par ailleurs très symptomatique de la société des années 1970. Parce qu'il fallait construire en masse, les classes les plus populaires se sont retrouvées rejetées plus loin, dans des endroits éloignés des lieux de travail, sans transports possibles, sans infrastructures. De même les idéaux de 1968 ont fait long feu et très vite l'embourgeoisement des étudiants ayant conduit la révolte les a dépassés, les poussant souvent à se montrer encore plus âpres au gain que leurs aînés. Mais cette tendance ne concerne pas que les années 1970. Les moins aisés qui sont relégués en grande banlieue parisienne ou autour des grandes villes et qui ont constitué les gros bataillons des Gilets jaunes sont tout aussi concernés par ce que dit Pierre ; ils sont les victimes de la même indifférence de l'élite, incarnée par François. En ce sens, Dabadie avait vu juste et surtout loin.

2

Bobos et « néoruraux »

Dabadie nous fait découvrir, avec quarante ans d'avance, que notre société actuelle n'a pas le monopole du superflu, de l'inutile, et du profondément déconnecté des réalités. Il est bon aujourd'hui d'aduler la nature sans avoir jamais vécu à la campagne. On ne se lasse jamais d'évoquer ces influenceuses au QI inversement proportionnel à leurs revenus qui se demandent si les vaches ont leurs règles ou des Parisiens en mal de dépaysement et ayant acheté une propriété « dans les territoires » qui font des procès pour éradiquer des coqs trop bruyants, enlever leurs cloches aux vaches dans les montagnes ou faire interdire les sonneries de l'église du village qui donnent l'heure depuis des centaines d'années. Il n'est pas non plus loin le temps où, avec les progrès de l'intelligence artificielle, il sera possible de créer des robots aptes à échanger une conversation avec un humain.

Dans *Les Choses de la vie*, Bertrand Bérard (Gérard Lartigau), fils de Pierre (Michel Piccoli), développe – en 1970 ! – une curieuse carte électronique qui imite le chant des oiseaux. Mais pour quelle raison ? « Il y a des gens qui aiment les oiseaux, mais qui n'en supportent pas les inconvénients. Faut dire que c'est sale, et il faut les nourrir et ça risque de s'envoler, mais ils aimeraient avoir quand même chez eux le chant d'un oiseau. » Le fils de Pierre Bérard invente donc « un oiseau qui est très propre, qui est réglable ». « On peut le faire plus gai, poursuit-il. Ça a un avantage aussi, le bruit est le même, on ne peut plus le changer. Alors tant qu'à faire, ça devient un bruit familier qui s'inscrit dans un cadre domestique. Par conséquent, c'est un peu un animal domestique. Toujours le même quoi. C'est le sien. » Pierre est impressionné car son fils arrive à vendre ses chants d'oiseaux mécaniques, totalement inutiles, et chers de surcroît. En ce sens, Bertrand Bérard a quasiment cinquante ans d'avance sur son époque.

3

La sexualité des années 1970

Sexualité, mariage et prostitution occasionnelle

Une histoire simple est particulièrement en avance pour son temps, notamment sur les questions de sexualité. Une discussion assez crue va s'engager dans la cuisine d'une maison de campagne entre les trois grandes amies de Marie (Romy Schneider), Esther (Sophie Daumier), Anna (Eva Darlan) et Francine (Francine Bergé), sous le regard muet et médusé de Gabrielle (Arlette Bonnard) et de notre héroïne, dans une scène qui n'est pas sans rappeler celle du gigot de *Vincent, François Paul et les autres*.

La dispute commence entre Francine et Esther. La première, qui loue les qualités du nouveau petit ami de la seconde, ne peut s'empêcher de poser la question du mariage, ce à quoi Esther n'est absolument pas prête (« On vit ensemble, chacun son nom, chacun ses sous, on fait des trucs »). Cela ne satisfait pas Francine, qui s'insurge : « Maintenant, quand on dit ça [évoquer le mariage] on a toujours l'impression de poser une question indécente, je vois pas pourquoi. » Elle s'inquiète : « On fait des trucs, mais si les trucs, ce sont les enfants... » Esther se sent obligée d'intervenir : « J'ai fait un beau mariage, je me suis mariée à 19 ans avec quelqu'un qui est parti avec quelqu'un d'autre. C'est pas mal et maintenant qu'il en a assez, il veut revenir. »

Dabadie évoquera aussi la question du mariage à la suite de l'arrivée d'un enfant dans *Vincent, François Paul et les autres* de façon à la fois apaisée et très féministe. Colette (Catherine Allégret) attend un enfant de Jean (Gérard Depardieu). La réaction de ce dernier à l'annonce est immédiate : « Il faudrait que je t'épouse alors. » Même – et peut-être surtout – dans les milieux populaires au milieu des années 1970, le mariage est une pratique ultramajoritaire. Colette a alors une réaction féministe : « T'es pas obligé. » Celle de Jean est plus étonnante et montre une très large ouverture d'esprit : « Toi non plus. »

Ces éléments méritent d'être éclairés pour les lecteurs des années 2020. En 1978, selon l'Insee, l'âge moyen du mariage est de 24,4 ans pour les femmes et de 26,9 ans pour les hommes. Il est, en 2018, de 36,1 ans pour les femmes et de 38,6 ans pour les hommes. De plus, le nombre de mariages a drastiquement baissé : il passe de près de 355 000 en 1978 à 222 000 en 2018, soit une baisse de 37 %.

S'agissant des rapports sexuels, les mouvements de libération et Mai 68 avaient ordonné de libérer les corps, de jouir sans entraves et surtout de bousculer les tabous des bourgeois. En 1975, l'âge moyen du premier rapport sexuel est de 18,5 ans pour les femmes et de 17,7 ans pour les hommes. Il a très peu varié quarante ans plus tard[1].

1. 17,6 ans pour les femmes et 17 ans pour les hommes.

En revanche, en 1974, les femmes devenaient mères pour la première fois à 24 ans en moyenne. En 2020, cet âge moyen est passé à 29 ans. Le taux de fécondité a un peu baissé : 1,93 enfant par femme en 1975. Il est passé à 1,84 en 2019.

La légalisation de la contraception en 1967, puis son remboursement par la Sécurité sociale en 1974, sans oublier la loi sur l'avortement ont libéré la sexualité des femmes, qui n'est plus un sujet tabou – la preuve !

Esther (Eva Darlan) n'hésite pas à dire à Francine (Francine Bergé) : « Si tu as peur que je te dise que je couche avec des types quand je manque d'argent, je te dis ça, ça me gêne pas du tout d'en parler. » Francine est naturellement très gênée et préférerait qu'Esther renoue avec son ancien mari et père de ses deux enfants, ce qu'elle refuse absolument « parce que les autres ils passent, mais lui il resterait, voilà ! ».

Francine – traditionaliste dans son approche, mais c'est aussi le reflet assez précis de son époque – considère qu'il vaut mieux ne pas avoir d'enfant parce que « si on est obligé de faire doucement en ramenant des gens à la maison pour que les enfants n'entendent pas, [elle n']appelle pas ça la liberté ».

Esther ne s'en laisse pas conter avec cette approche somme toute très petite-bourgeoise : « Mais quand tu couches avec Charles [le mari de Francine], tu fais pas doucement à cause des enfants ? Alors les enfants chez toi ou chez moi c'est pareil. Alors fous-moi la paix, je préfère coucher avec des types pour de l'argent qu'avec Charles pour rien[1] ». Un article du

1. Ce qui inspirera sans doute cette magnifique réplique de Nathalie Baye jouant le rôle d'une prostituée à Christophe Malavoy, qui interprète

Monde du 8 janvier 1979 évoque l'importance de la prostitution occasionnelle en raison des crises économiques : la prostituée occasionnelle y est décrite comme « une femme qui, chômeuse ou employée, se livre à la prostitution quelques jours par mois pour surmonter une difficulté financière passagère ou chronique ». Le Planning familial du Val-d'Oise chiffre à 25 % les femmes se prostituant occasionnellement dans les cités, précisant : « On se prostitue le plus souvent dans la deuxième quinzaine du mois, lorsque l'argent commence à manquer, pour payer le loyer, les factures diverses. »

La charge est violente, mais pour une fois, Francine va habilement se défendre : « Quand il y a le feu et j'appelle [Charles], je suis bien contente qu'il réponde et s'il me laisse avec les deux enfants, j'aurai pas la force, j'ai pas honte à le dire. »

Marie et Gabrielle restent muettes pendant cette scène. Pour autant, quelque temps plus tard, après la mort de Jérôme, Gabrielle fera des confidences sur sa vie intime avec son mari, qui la trompait régulièrement : « Il disait jamais "les femmes", d'ailleurs. Il disait : "J'ai rencontré quelqu'un." J'étais pas complaisante, tu sais. » Pour quelle raison Jérôme accumulait-il les relations extraconjugales ? Gabrielle a une explication qu'elle livre avec une grande pudeur : « Et puis moi avec lui ça a jamais été, enfin, quand même, c'était plus de l'amour que du plaisir. » Marie l'interroge alors sur l'histoire qu'elle aurait eue avec un certain Paul.

---

un policier, dans le film de Bob Swain *La Balance*, sorti quatre ans plus tard : « Je préfère me faire baiser pour cent sacs que pour un sandwich comme ta femme. »

La réponse de Gabrielle fuse : « Ah non, si je lui en avais parlé, on se serait quittés. »

Cette réplique semble fleurer bon les années 1970. Selon une étude réalisée par l'Ifop pour le Planning familial en 1970, seules 10 % des femmes et 30 % des hommes disaient avoir eu une relation extraconjugale. En 2001, ils étaient 39 % d'hommes et 24 % de femmes. En 2016, 49 % des hommes et 33 % des femmes. En 2022, 44 % d'hommes pour 38 % de femmes. Toutefois, dans notre société d'aujourd'hui, s'il est rarement choquant qu'un homme joue les Don Juan[1], une femme qui ferait de même est vite considérée comme une Messaline. On se souvient en effet d'une publicité, en 2009, pour un site de rencontres extraconjugales, qui avait été attaquée par des associations catholiques, déboutées par la suite. Le site revendique aujourd'hui 4 millions de membres en France...

L'homosexualité

La scène de l'*outing* forcé de Daniel (Claude Brasseur) dans *Un éléphant ça trompe énormément*, devant ses trois plus proches amis, Bouly (Victor Lanoux), Étienne (Jean Rochefort) et Simon (Guy Bedos), est incroyablement novatrice dans le cinéma français des années 1970. C'est la première fois que cette thématique est exposée de façon positive au cinéma et ce n'est pas uniquement de la volonté de Claude Brasseur. Ce dernier, qui joue

1. Rappelons quand même que Don Juan finit dans les flammes de l'enfer.

Daniel ne voulait pas, selon ses propres déclarations, « faire de Daniel une folle tordue », ne pas être un homosexuel de caricature, « mais un homme que sa sexualité ne résume pas »[1].

Cette révélation permet la réalisation de deux scènes d'une très grande beauté. Lorsque le compagnon de Daniel vient lui rapporter la gourmette d'un amant de passage en jetant quelques instants après de sa voiture ses valises en le traitant de « pauvre conne », Simon, Étienne et Bouly sont sidérés. Bouly ne sait que donner une pichenette à sa cigarette en disant d'une voix blanche : « But. » Daniel regarde alternativement ses amis d'un air interrogateur, inquiet et vaguement agressif en même temps. Que vont-ils penser de ce qu'ils ignoraient complètement ?

En 1978, année du film, l'homosexualité est encore un délit et figure sur la liste des maladies mentales[2]. Elle restait taboue dans les familles et réprouvée par la société. Il n'y a guère que dans la capitale où les homosexuels sont tolérés. Ailleurs, ils sont invisibles. Selon un sondage de *L'Express* de 1975, plus de 48 % des Français pensent que l'homosexualité est une maladie à guérir ; 22 % pensent même que c'est une perversion à combattre. En 1996, plus de 67 % des Français considèrent que l'homosexualité est une manière comme une autre de vivre sa sexualité ; ils sont 85 % en 2019.

C'est Étienne qui raccompagne chez lui un Daniel flageolant, en essayant de lui parler d'autres choses.

1. Cité par Claude Askolovitch, *Vanity Fair*, 20 mai 2020.

2. Elle ne sera retirée de cette liste qu'en 1981 et il faut attendre 1982 pour la suppression de toute pénalisation pour des personnes de plus de 15 ans.

Mais lorsque Daniel descend et rentre chez lui, Étienne n'a pas le cœur de le laisser seul. Il monte à son appartement et le découvre décomposé et en larmes, ce qui ressemble très peu à cet homme solide, très « brut de décoffrage ». Est-ce la rupture brutale qui le bouleverse ? Peu probable. Il est beaucoup plus certain que Daniel craint que son homosexualité ne l'éloigne d'Étienne, Bouly et Simon, auxquels il est tant attaché. Si ses plus proches amis, avec qui il entretient une relation quasi fusionnelle, le quittaient, ce serait catastrophique.

Une conversation banale s'engage entre les deux amis, qui n'a d'autre intérêt que de démontrer que le pauvre Daniel n'est pas rejeté. Ils décident de boire un verre, mais comme Daniel était manifestement peu chez lui ces derniers temps, il ne trouve qu'une bouteille de chartreuse... Étienne veut montrer à Daniel que ce qu'ils viennent d'apprendre n'a aucune importance. La phrase très simple qu'il prononce expliquera à ce dernier qu'il fait toujours partie du groupe « Tu sais, je voulais te dire que ma vie n'était pas aussi transparente que d'aucuns se... Moi aussi, je cachais quelqu'un. »

Dabadie est, une fois de plus, en avance sur son temps. C'est la première fois qu'un homosexuel est représenté au cinéma français sous un angle non caricatural, l'année où sort le film *La Cage aux folles*. Daniel est un homosexuel qui non seulement s'assume pleinement, mais n'hésite pas à se montrer macho, viril, bagarreur, comme le montre la scène où il essaie d'aller chercher Marie-Ange, la femme de Bouly, chez son nouvel amant. Mais on voit bien que Daniel se méfie aussi des femmes. Lorsqu'il attend un client dans une somptueuse Rolls dans son garage – en allumant une cigarette dans l'habitacle, ce qui semble hallucinant de nos jours –, il voit passer deux filles superbes dans une décapotable, images suivies d'un gros plan qui montre sa gêne. Lorsque Daniel va demander une avance sur salaire à Marie-Christine, qui dirige le garage dans lequel il travaille, cette dernière a bien compris son orientation sexuelle. Elle lui demande s'il a une cigarette dans une phrase sans ambiguïté : « Vous avez une cigarette ? Vous n'avez pas de blonde ? Vous n'aimez pas tellement les blondes... » Dabadie avait déjà traité de l'homosexualité dans ses sketchs et notamment dans *L'Annonce faite à Odile*, destinée à Guy Bedos en 1975, où un mari explique à sa femme qu'il va la quitter pour un homme : « Mais il ne s'agit pas de savoir si sa bouche embrasse techniquement mieux ou moins bien que la tienne, et quoi la moustache, j'étais sûr que tu m'en parlerais. Bon ses pieds sont plus grands, et alors ce n'est pas un concours, Odile ! » Onze années plus tard, Dabadie écrira pour son compère Guy Bedos un nouveau sketch hilarant sur l'homosexualité dans le milieu du foot qui lui vaudrait aujourd'hui d'être excommunié par les nouvelles ligues de vertu du Wokistan. Ce sketch raconte la vie du compagnon d'un footballeur qui se plaint de vivre avec un goal, car « ses shorts pour les ravoir au lavage, les taches d'herbe, *excuse me*, c'est ce qu'il y a de pire avec les fraises et les pêches... surtout lui... il est très cabot, il plonge pour un oui pour un non... » De même, ce garçon n'hésite pas à faire de l'*outing* : « J'peux pas dire les noms mais bon... Le 2 est avec le 5... le 6 et le 7 sont ensemble depuis... J'en dirai pas autant du 8 et du 11... Du moins, depuis que le président a acheté ce Noir... d'une beauté... »

L'amour libre

Les deux films d'Yves Robert écrits par Dabadie permettent également de mesurer l'évolution des mœurs à la fin des années 1970. Bouly (Victor Lanoux) vit avec Daisy (Carole Jacquinot) après sa séparation d'avec Marie-Ange (Anne-Marie Blot) et dont il dit « J'ai trois mômes, elle en a quatre, c'est pas le bal des débutantes. C'est même pas sûr qu'on va se marier. On fait... Comment on dit déjà ? J'ai lu quelque part... on fait l'amour libre. » Sa définition ne manque pas de sel : « Ou enfin, chacun fait ce qu'il veut, enfin surtout moi, parce que dans la femme, y a la mère de famille avant tout. » Bouly a une vision un peu particulière de l'amour libre qu'il révèle à ses amis au moment de l'achat de leur maison de campagne : « J'achète une baraque avec des copains, une femme que j'élève [*sic*] avec ses quatre enfants me propose sa rente Pinay... On vit quand même une époque avec le progrès où la femme est libre de prêter de l'argent à un homme. »

Mais l'amour libre n'a pas des avantages, surtout quand la situation se complexifie. En effet, Marie-Ange, première femme de Bouly, qui l'a quitté pour Willy, un jeune pianiste d'un groupe rock, revient au bercail, ce qui fait sourire Bouly : « L'autre grand pianiste qui joue debout, au moment de partir en tournée, il y a eu excédent de bagage. Alors elle est là avec sa valise et sa cantine. Daisy, justement, j'ai intérêt à être là quand elle va revenir. » Mais il a tort de s'inquiéter, surtout avec une forte femme comme Daisy, qui a décidé que Marie-Ange pouvait s'installer avec eux au tennis le temps que Willy revienne de tournée. Ses amis s'interrogent : « Oui, mais toi avec l'amour libre, le soir tu dors avec... enfin, où ? », ce à quoi Bouly répond « *I am a gentleman excuse me.* »

Il va déchanter lorsque Willy débarque et que Daisy accepte de le loger. Bouly réagit « Eh ho, on fait pas "kibbouste", ici. » Et puis, *last but not least*, l'ancien mari de Daisy n'a plus d'appartements et vient loger au tennis. Cette dernière intervient : « Bouly, tu vas me dégager les affaires de la chambre. En attendant, on va les mettre dans ton sac tyrolien. » Comme le note Étienne, « quant à Bouly, son enthousiasme pour l'amour libre commençait à fraîchir. Certaines femmes vous font des enfants, les siennes lui faisaient des maris et des amants ».

Daniel s'interroge : « Daisy et Marie-Ange, ça me regarde pas, mais qui c'est qui se retrouve au bureau tout seul à faire un câlin à son sac tyrolien ? » Bouly explique que, grâce aux bienfaits de l'amour libre, il se retrouve seul à dormir dans son bureau : « Daisy, c'est son mari. Et Willy, c'est quand même pas de sa faute si j'ai plaqué Marie-Ange au moment où elle est partie avec lui. » En bon français, cela s'appelle un euphémisme.

Bouly en est-il malheureux ? Pas vraiment. Le dragueur compulsif n'est peut-être pas fait pour partager sa vie avec une femme. Sa passion demeure les enfants : « J'ai réintégré le tennis. Ils sont partis tous les quatre en vacances, ils avaient une location de bateau. Ils m'ont laissé les mômes. » « Tu es seul avec les mômes ? » « Bah oui », répond Bouly comme si cela était normal et, avec un grand sourire : « Moi, les gosses, même d'occasion, j'adore ça ! »

4

Les évolutions sociétales des années 1970 : avortement, peine de mort...

Le patriotisme

Jean-Loup Dabadie a toujours été très discret sur ses convictions politiques. C'est assez logique au vu de ses fréquentations des piliers de la gauche militante (Bedos, Montand, Reggiani...). Il est par ailleurs compliqué, voire suspect, dans les milieux culturels de ne pas apparaître comme progressiste. Toutefois, il ne fait guère de mystère que Dabadie était plutôt de tendance centriste, voire de droite, à l'instar de la décennie pompidolo-giscardienne, qu'il a si bien dépeinte. On prendra à témoin la très belle chanson qu'il écrit pour Michel Polnareff, *Lettre à France*, à la suite de l'exil du chanteur pour raison fiscale aux États-Unis. De façon très subtile, il lui écrit une lettre d'amour à son pays, en cultivant habilement l'ambiguïté dans le titre, où l'on peut penser qu'il s'adresse à une femme. Pour autant la nostalgie et la tristesse d'avoir quitté son pays sont exprimées de très belle façon.

Depuis que je suis loin de toi
Je suis comme loin de moi
Et je pense à toi tout bas

En effet, cet homme exilé, qui « vit en Chimérique » exprime merveilleusement ce déchirement :

Mais qui peut dire l'avenir de nos souvenirs ?

La conclusion est somptueuse. Elle est une analyse magnifique du déracinement et jette un véritable cri d'amour à la mère patrie :

Oui, j'ai le mal de toi, parfois
Même si je ne le dis pas
Je pense à toi tout bas

La peine de mort

En 1980, Dabadie va écrire une magnifique chanson sur la peine de mort, *L'Assassin assassiné*. Il la proposera à Reggiani, qui déclinera, terrassé par l'émotion à la première écoute. C'est finalement Julien Clerc qui l'interprétera, après de longues hésitations. Le texte est magnifique et bouleversant.

Le matin même à la Santé,
Un homme, un homme avait été exécuté.
Et nous étions là si tranquilles,
Là au cœur battant de la ville.

Dabadie va ensuite décrire avec précision le caractère profondément barbare de l'exécution :

On lui parle, on l'attache, on le cache,
Dans la cour, un grand dais noir
Protège sa mort des regards
Et puis ensuite tout va très vite
Le temps que l'on vous décapite

La force du texte n'est pas de chercher des excuses à l'homme qui subit la peine capitale. Dabadie n'hésite pas à le traiter de « salaud » ou d'« assassin ». Il démontre surtout l'horreur de la peine de mort.

Messieurs les assassins commencent[1]
Oui, mais la société recommence
Le sang d'un condamné à mort
C'est du sang d'homme, c'en est encore.

Et la conclusion de la chanson s'abat comme un couperet :

Lorsque le couteau est tombé
Le crime a changé de côté
Ci-gît ce soir dans ma mémoire
Un assassin assassiné.

Dabadie se montre donc un adversaire farouche de la peine de mort. Un État moderne peut-il promouvoir la loi du Talion, ce qu'exprime fort bien le titre de la chanson ? La peine de mort sera abolie un an plus tard par François Mitterrand et Robert Badinter alors que la société française y était majoritairement favorable. Ce dernier témoignera de la force de cette chanson pour l'aider dans ce combat.

L'avortement

Dabadie est le premier scénariste à évoquer l'avortement, quelque temps après la loi Veil qui le légalise, dans le film *Une histoire simple*, sorti en 1978. L'avortement a été dépénalisé par la loi Veil depuis deux ans[2]. Les chiffres officiels annoncent 134 000 IVG en 1976, mais la réalité est probablement proche de 200 000. Leur nombre ne progresse pas véritablement depuis cette période. Il y a entre 26 et 28 IVG

1. Subtile et habile référence à la phrase d'Alphonse Karr : « Supprimer la peine de mort ? Que messieurs les assassins commencent. »
2. Il ne sera remboursé par la Sécurité sociale qu'en 1982.

pour 100 naissances depuis 1986, même si le délai légal est passé de 10 à 12 puis 14 semaines et la délivrance de la « pilule du lendemain » se fait désormais sans ordonnance. *Une histoire simple* débute même par un avortement. Marie (Romy Schneider) consulte dans un hôpital une gynécologue qui va pratiquer sur elle une interruption volontaire de grossesse. Cette intervention semble simple : « On pourrait faire ça la semaine prochaine ? demande la praticienne. Vous savez, maintenant l'intervention dure à peine dix minutes et vous serez chez vous le soir même. » Pour autant, le médecin, qui est une femme, l'interroge soigneusement sur les raisons de ce choix. La première question qui l'intéresse est de savoir si Marie a pris cette décision seule et les raisons pour lesquelles elle veut mettre fin à cette grossesse. « Mais il y a deux mois, quand vous l'aviez fait, vous le vouliez ? Et pourquoi plus maintenant ? » La réponse de Marie est simple et, semble-t-il, satisfaisante : « Parce que je vis avec quelqu'un, enfin il a 42 ans. Je ne peux pas l'expliquer dans une phrase, mais... je vais le quitter. »

5

Les nouveaux divorcés

Dabadie a été traumatisé par le divorce de ses parents, qui s'est produit alors qu'il était déjà un jeune adulte et qui constitue, selon ses propres dires, le plus grand regret de sa vie. Son existence fut également agitée. Marié trois fois, ayant longuement vécu avec l'actrice Julie Arnold, Dabadie aura vécu dans sa chair de nombreuses ruptures qui, sans aucun doute, ont beaucoup inspiré ses textes.

Mais il ne fait que suivre l'évolution de son temps. Tout au long du XXe siècle, le nombre de mariages s'achevant par un divorce s'est accru, avec une poussée à partir du début des années 1970 jusqu'au milieu des années 1990, où le taux de divorce triple. Entre 1970 et 1985, on passe ainsi de 12 à 30 divorces pour 100 mariages.

Parallèlement, depuis le milieu des années 1970, les mariages sont moins nombreux et plus tardifs. En conséquence, aujourd'hui, on divorce moins, parce qu'on se marie moins, mais on se sépare davantage. Le cumul des divorces et des ruptures de Pacs est passé de 145 000 en 2006 à 177 000 en 2013.

Divorces

Les divorces sont omniprésents dans l'œuvre de Dabadie. Dans les films de Sautet et de Pinoteau, les personnages principaux ont déjà divorcé avant que ne commence l'intrigue. Il faut attendre les films d'Yves Robert pour assister à un divorce en direct, dans un mélange de drame et de burlesque, entre Bouly (Victor Lanoux) et Marie-Ange (Anne-Marie Blot).

Pierre Bérard (Michel Piccoli) a déjà divorcé de Catherine (Lea Massari) dans *Les Choses de la vie*. Au début de *Vincent, François, Paul et les autres*, Vincent (Yves Montand) s'est aussi séparé d'une autre Catherine (Stéphane Audran). Rosalie (Romy Schneider) a divorcé d'Antoine (Umberto Orsini), dans *César et Rosalie*, tout comme Marie (Romy Schneider) de Georges (Bruno Cremer) dans *Une histoire simple*. Le spectateur n'a pas assisté à ces moments que l'on devine plus ou moins douloureux.

Les raisons de ces divorces sont en filigrane dans ces films. Le plus mystérieux semble celui de Pierre, dans *Les Choses de la vie*, mais qui demeure à l'image du personnage principal du film qui est une sorte de vagabond sentimental. Sait-on seulement pourquoi il est aussi à deux doigts de se séparer de sa maîtresse, Hélène (Romy Schneider), à qui il va écrire une lettre de rupture avant de se raviser devant la bêtise de la chose ? Pourquoi a-t-il donc divorcé de Catherine, dont il a eu un fils auquel il semble très attaché ? Nul ne le sait vraiment.

Le divorce de Vincent et Catherine dans *Vincent, Paul, François et les autres* est plus explicite. Lorsque le film débute, cela fait deux ans que le couple s'est séparé et dorénavant, Catherine demande le divorce. Elle a manifestement rencontré un homme dont on aperçoit furtivement la silhouette dans son lit, pendant la nuit d'errance de Vincent où il échouera chez elle. C'est probablement pour lui que Catherine va partir à l'étranger.

Paul (Serge Reggiani) et François (Michel Piccoli) ont été convoqués par Vincent pour écrire des lettres de moralité dans le cadre du divorce. Mais cette demande surprend les deux amis et nous révèle le pot aux roses : « Tu nous avais dit que c'est toi qui l'a quittée », dit François. Vincent avoue : « Non, c'était à cause de Marie. » Manifestement, Vincent avait déjà une aventure avec Marie (Ludmila Mikaël), jeune femme de 25 ans, raison pour laquelle Catherine est partie. Comme le dit pudiquement Paul, « il veut dire : historiquement, c'est Catherine qui est partie ». Vincent le confirmera quand il invite cette dernière à déjeuner après avoir vendu son entreprise : « Quand je t'ai vue l'autre nuit, je me suis dit : "Qu'est-ce qui a bien pu nous arriver ?" Enfin je sais bien que c'est moi qui ai... enfin, enfin... qui ai eu tort quoi. »

Mais n'y a-t-il pas une autre chose ? Vincent l'avoue à demi-mot quelque temps plus tard : « Je pensais que j'allais épater Catherine. Tu penses. L'épater avec des machines. » La situation semble claire : Vincent s'est retrouvé seul à gérer son entreprise, a beaucoup trop travaillé, s'est donc mécaniquement éloigné de Catherine et, à la première rencontre avec une jeune et jolie fille, il a cédé à la tentation.

Le divorce entre Rosalie (Romy Schneider) et Antoine (Umberto Orsini) dans *César et Rosalie* semble avoir posé beaucoup moins de difficultés. Antoine le note benoîtement : « On ne s'est jamais détestés. Bon, on ne s'est jamais aimés non plus. » On peut donc se demander pourquoi Rosalie a épousé Antoine, avec qui elle a eu une fille, prénommée Catherine[1]. Antoine a une hypothèse, qu'il livre à David (Sami Frey) : « Au fond elle m'a épousé parce que tu es parti. » Mariage de dépit dû à un chagrin d'amour lié au départ de David ? Une question demeure irrésolue : Catherine est-elle la vraie fille d'Antoine, ou conçue avec David avant son départ ?

Le divorce de Marie (Romy Schneider) et de Georges (Bruno Cremer) dans *Une histoire simple* est tout aussi banal. La raison est simple : les époux se sont petit à petit séparés, Georges étant trop pris par son travail, ce que Marie lui dira plus tard : « Tu sais Georges, tu étais parti bien avant que je parte. Sans t'en rendre compte. » Elle lui raconte qu'une nuit où il était absent, leur fils a fait une convulsion liée à une forte fièvre. Au lieu de contacter Georges, de toute façon absent, elle a appelé ses amis Gabrielle (Arlette Bonnard) et Jérôme (Roger Pigaut), qui sont venus à minuit et qui ont eu les bons réflexes. Elle ne l'a jamais dit à Georges. Pourquoi donc ? Marie l'expliquera : « Quand tu es rentré si tard, si étranger, si fatigué, si chagrin, eh bien non, je ne t'ai rien dit. » Drame de l'incommunicabilité dans un couple qui conduit inéluctablement à la séparation.

Les raisons du divorce de Bouly (Victor Lanoux) avec sa femme, Marie-Ange (Anne-Marie Blot), sont

1. Même si ce prénom est très fréquent au milieu des années 1970, il est omniprésent dans les scénarios de Dabadie.

limpides. Bouly trompe outrageusement sa compagne et multiplie les conquêtes. Lors de leur premier match de tennis, dans *Un éléphant ça trompe énormément*, il explique à ses trois compères qu'il sort avec deux sœurs espagnoles, Carmen et Esther. Esther obtient délicatement la note de 12 alors que pour Carmen, « les résultats seront affichés demain matin ». Mais elles ne sont pas des conquêtes isolées, comme le rappelle Daniel (Claude Brasseur) demandant innocemment : « Comment elle s'appelle la pharmacienne avant les vacances ? » Bouly hésite. Il penche pour Blanche-Neige – délicat surnom –, mais il semblerait qu'il s'agisse de Jocelyne.

Le plus drôle réside dans le fait que Bouly, en parfait macho, n'imagine même pas que ces incartades puissent troubler son épouse. Dans une phrase dont Dabadie a le génie, il rétorque : « Bah Marie-Ange elle a la maison, les gosses, son transistor, 38 piges, j'aime pas les formules, mais c'est une femme heureuse quoi. » Le problème est que la femme heureuse est partie avec les enfants, en vidant l'appartement et en laissant une lettre dans laquelle elle annonce avoir trouvé une photo de son mari « avec l'autre chouette, dans une boîte aux Invalides ».

Bouly est totalement défait. Toujours en bon macho, il ne peut comprendre qu'il s'agisse de la seule possibilité pour une femme qui est trompée de façon éhontée. Mais le plus stupéfiant est que Marie-Ange finit par revenir quelques semaines plus tard, avec les enfants, sans véritables raisons. Ainsi que le dit Étienne, « quant à Bouly, il pensait au fond de lui-même qu'il émanait un charme trop puissant pour que la malheureuse ait pu tenir le coup. Ce qui est terrible à dire est que, dès le lendemain, il recommençait à pécher par là où il avait été puni ».

Même cause, mêmes effets, Marie-Ange va quitter à nouveau le domicile conjugal puisqu'on découvre Bouly, au début du second opus, vivant chez Daisy (Élisabeth Margoni), qui tient un tennis. Bouly nous donnera un éclairage de cette nouvelle vie plus tard en évoquant le nouvel amant de Marie-Ange : « C'est quand même pas de sa faute si j'ai plaqué Marie-Ange au moment où elle est partie avec lui. » Qui est parti le premier ? Mystère. La fierté très virile de Bouly aurait de toute façon du mal à admettre la réalité.

Procédures de divorce

Même si Dabadie n'est pas un juriste, force est de constater qu'il connaît assez bien les procédures de divorce, ce qui va lui permettre de distiller des dialogues inoubliables. D'abord, lorsque les trois amis accompagnent Bouly dans son appartement vide au moment du départ de Marie-Ange, Simon ne trouve rien de mieux que de demander : « Vous étiez mariés sous quel régime, la séparation ou la communauté ? » Simon s'enferre malgré les conseils de discrétion d'Étienne : « C'est pour savoir si elle avait le droit d'emporter tous les meubles. » Ce n'est pas vraiment le moment de poser cette question...

Pour autant, les amis n'ont pas oublié leur esprit taquin. Lorsque, plus tard, Bouly évoque le conseil de sa sœur de faire un constat d'huissier, les réponses sont sans appel et correspondent parfaitement aux caractères des intéressés. Daniel explose devant cette idée baroque :

« Qu'est-ce qu'elle y connaît ta sœur avec ses grands pieds ? » Quant à Étienne, il est plus ironique et, d'ailleurs, il n'arrive pas à retenir son sérieux : « Tu ne veux tout de même pas qu'elle te verse une pension ? » Simon s'esclaffe peu charitablement : « Excuse-moi, il me fait rire ! » La réponse de Bouly à Daniel est touchante au sujet de sa sœur : « Elle est capacitaire en droit, je t'apprendrai. » Cette phrase demeure mystérieuse pour bon nombre de personnes aujourd'hui. Il s'agit d'un vieux diplôme qui permet à des jeunes méritants, qui ont en général commencé à travailler et qui n'ont pas eu le bac, de pouvoir intégrer, après deux ans, des études universitaires de droit. La capacité en droit est peu utilisée de nos jours compte tenu du taux de réussite au baccalauréat, mais dans les années 1970, elle était l'outil idéal des étudiants motivés et travailleurs qui n'avaient pas réussi leur bac pour intégrer l'université, symbole de la méritocratie républicaine. Dabadie a trouvé son homme du peuple, fier de ses racines : c'est Bouly !

Le divorce demandé par Marie-Ange impose de passer par une procédure de conciliation devant un juge. Elle se déroule pendant un intense moment de stress pour les quatre amis, puisqu'elle a lieu le jour même où ces derniers sont en train d'acheter leur maison de campagne. Bouly est à fleur de peau et très inquiet. Étienne le sent bien : « Faut pas t'inquiéter, ils vont pas te garder. » Et lorsque Marie-Ange lui demande s'il a un avocat, il répond : « Pourquoi j'aurais un avocat, j'ai rien fait ! » Enfin, lorsque Bouly sera invité à entrer dans le bureau du juge avec Marie-Ange, il demande si les familles peuvent venir : sa famille, ce sont ses amis. Et au passage, il glisse à Daniel « Tu m'attends, hein ! » Bel hommage à l'amitié.

Le résultat de la conciliation dépasse cependant les espérances de Bouly. Même si « le magistrat c'était une magistrate et myope, des carreaux, t'aurais vu ! Elle les retirait tout le temps, pas question de lui jouer Luis Mariano ! », il aura la garde des enfants, ce qui lui sied parfaitement.

Enfin, il convient de parler de deux divorces particulièrement originaux qui ne requièrent pas de longues procédures. D'abord celui de Clara, dans *Clara et les chics types*, dont le mariage s'achève le soir même et joliment conclu par son ancien mari en une phrase : « Je rends hommage à l'esprit de synthèse de ma femme qui a su voir au terme de cette première journée que les composantes de nos caractères produisaient un résultat finalement conflictuel. » Ensuite celui de Daniel dans *Nous irons tous au paradis*, puisque le mariage n'a en définitive pas eu lieu.

Marie-Christine (Gaby Sylvia) arrive en effet très en retard à son propre mariage et refuse de sortir de sa voiture en appelant Daniel. Quelque chose étonne : elle est en vêtement de tous les jours. Daniel monte à l'avant de sa voiture et les futurs mariés parlent, parlent... Quand Daniel sort de la voiture alors que Marie-Christine repart, il annonce tout de go : « On divorce. » Les amis sont stupéfaits. Ce n'est pas à cause de son homosexualité, que Daniel lui a avouée dès le premier jour. L'explication est dure : « Je crois qu'elle ne s'est pas vue rentrer à la maison avec un type comme moi. » Marthe (Danièle Delorme) a une autre hypothèse, plus rassurante – « Ou avec un type tout court » –, ce que Daniel confirme : « Oui, c'est ce qu'elle dit. » En réponse à la stupéfaction de Bouly, qui ne comprend pas pourquoi Marie-Christine a attendu le jour du mariage pour rompre brutalement, le très sentencieux Étienne lui répond : « Parce que le mariage lui a fait penser au mariage par association d'idées. » La scène se termine par un très beau moment d'intimité entre Marthe et Daniel, qui, après que ce dernier a refusé une marque de pitié de sa part, partent la main dans la main pour parler de cette étrange aventure. Mais cette affaire va marquer profondément Daniel. Ainsi que le dit Étienne, « peu de temps après, Daniel s'en alla vivre chez Bouly. Daniel, s'il était malheureux, ne le montrait pas à Bouly, qui lui cachait qu'il était heureux ».

6

L'apparition de la famille moderne

Les mères célibataires

Au-delà de l'évocation pour la première fois au cinéma de l'IVG, Dabadie s'empare également avec une infinie délicatesse du thème de la mère célibataire, qui commence à devenir un sujet de société au cours des années 1970. Il est intéressant d'ailleurs de noter la sémantique. Les « filles-mères » souvent stigmatisées des années 1970 ont été suivies par les « familles monoparentales » dans les années 1980 ; l'expression « parent isolé » date quant à elle des années 1990. Leur nombre ne fait que croître depuis 1975, passant de 600 000 à près de 1,8 million en 2019, soit 23 % des familles. Ce nombre a été multiplié quasiment par trois en l'espace de quarante-cinq ans, ce qui est un drame pour notre société : 35 % des familles monoparentales sont sous le seuil de pauvreté.

Marie (Romy Schneider), dans *Une histoire simple*, n'a pas annoncé à son amant Georges (Bruno Cremer), dont elle a eu déjà un fils, qu'elle était enceinte de lui : « Georges, tu sais, je ne sais pas où il en est. J'arrive pas à avoir un homme et un enfant en même temps. Plus ça va, plus je me dis que c'est pas grave.

Je te dis ça, mais c'est un rêve pour lui et pour moi que d'avoir un enfant. » Marie est-elle à l'aise ? Pas vraiment : « Je ne sais pas ce que je fais avec ma vie. Je suis comme ça, je suis une conne. Je suis maladroite. »

Toutefois, elle assume parfaitement sa décision d'élever seule cet enfant et son refus cette fois-ci d'avorter. Elle l'exprime à sa grande amie Gabrielle (Arlette Bonnard) : « Non, mais de toute façon cette fois, je le garde. Je l'ai tellement voulu... Quand je dis que je veux le garder, je me demande si ce n'est pas lui qui me garde. »

Une amie de Marie s'interroge : « Un jour viendra, [Georges] saura qu'il a un enfant, il posera des questions. Et puis même, ça pourra rien changer et il va vivre comment cet enfant ? Il aura plus qu'elle. » Lourde question pour beaucoup de mères célibataires, souvent dans la difficulté, qui élèvent seules des enfants, et qui est, hélas, toujours d'actualité.

Mais les ultimes paroles gardent une surprise. Non, Marie ne sera pas isolée pour élever cet enfant. C'est son amie Gabrielle qui intervient. Il y aura « elle et moi ». En effet, on vient d'apprendre que Gabrielle habite désormais chez Marie, à la suite du suicide de son mari, Jérôme (Roger Pigaut).

Les parents

Le divorce des parents de Jean-Loup Dabadie est-il la raison pour laquelle il donne d'eux, dans ses films, une image qui n'est pas toujours très positive ? Toujours est-il que les parents des principaux héros des scénarios écrits par Dabadie sont très présents dans les films, beaucoup plus que dans les œuvres de la même époque. Dans le tableau de la société bourgeoise des années 1970 que Dabadie dessine, les familles y jouent un rôle important et notamment les parents. Toutefois, tout n'est pas rose : les parents de nos héros chez Dabadie sont soit séparés, soit remariés. Il y a certes des couples traditionnels, mais ils ont des rôles parfaitement secondaires, comme ceux de Jean (Gérard Depardieu) dans *Vincent, François, Paul et les autres*, ceux de Marie dans le même film ou les parents de Louise (Josiane Balasko) dans *Clara et les chics types* joués, excusez du peu, par Monique Chaumette et Antoine Bourseiller et qui ont pour caractéristiques principales de se disputer en permanence, tout en prenant leur fille à témoin.

Les parents de Marie (Ludmila Mikaël) dans *Vincent, François, Paul et les autres*, interprétés par Jacqueline Dufranne et Robert Le Béal, sont des gens simples qui se réjouissent de recevoir Vincent (Yves Montand). Marie le dit bien : « C'était un événement. Ils ne savaient pas quoi faire pour te faire plaisir. Surtout eux. Mais non, toi, toi. Tout ce qui n'est pas toi, tu t'en fous. » En effet, emprisonné par ses soucis d'argent, Vincent n'a pas desserré la bouche du dîner, ne mangeant quasiment pas, ce qui plonge les parents de Marie dans la consternation.

Des pères rarement exemplaires

Comme par hasard, les personnages des pères sont rarement mis en valeur. Celui qui ressemble le plus au père de Jean-Loup Dabadie est Bertrand Bérard, géniteur de Pierre (Michel Piccoli) dans *Les Choses de la vie*, interprété par Henri Nassiet. Bertrand Bérard n'est pas un homme sympathique. Il est léger, maladroit et cupide. Il ne vit plus avec la mère de Pierre, dont on ne sait si elle est morte ou s'il en est séparé, mais avec une certaine Jeanne. Cela ne l'empêche pas de continuer à flirter, puisque Pierre l'a vu au Luxembourg embrasser la femme de son ami Fantin. Son père rétorque qu'il n'a pas vu Mme Fantin depuis les obsèques de son mari. Mais l'argument semble mince. Le père de Pierre supplie son fils de ne pas en parler devant Jeanne « qui n'a aucun humour, pas comme ta mère ».

Bertrand Bérard n'a pas été un père très présent. Il aime évoquer l'enfance de Pierre devant Hélène – « Quand Pierre était petit… » –, mais il reçoit un cinglant « Tu n'étais pas là » de la part de son fils. Sa défense est molle : « J'étais jeune… » Est-ce dire qu'il courait après d'autres femmes ?

Le père de Pierre n'est pas non plus d'une grande habileté dans les rapports humains. S'il trouve Hélène « merveilleuse », c'est pour dire immédiatement : « Remarque que Catherine était très bien aussi. » Enfin, la raison de sa venue est simple. Il est venu taper son fils, car il a une « petite difficulté en ce moment ». À peine a-t-il annoncé la somme qu'il embraie aussitôt sur les projets de Pierre en Tunisie. Toutefois, ce père volage et inconstant sera bien présent à l'hôpital de Rennes après l'accident de Pierre.

Une autre figure de père, mieux mise en valeur, est incarnée par Lino Ventura, qui interprète le personnage de Jean Douélan dans *La Gifle*, de Claude

Pinoteau[1]. Là encore, les parents sont séparés : Hélène Douélan (Annie Girardot), sa femme, vit avec Robert Dickinson, un Anglais dont elle a le plus grand mal à partager la langue. Mais on comprend mieux qu'elle ait quitté le père d'Isabelle, jouée par Isabelle Adjani. Sa nouvelle vie semble d'une parfaite sérénité, alors que l'on ressent une formidable tension chez Jean Douélan, ce qui finit d'ailleurs par faire craquer sa fille. Jean Douélan est certes psychorigide, mais il n'en demeure pas moins une belle personnalité : professeur en classe préparatoire, excellent pédagogue, il présente sa démission après avoir cassé la figure à deux flics en civil qui tabassaient un étudiant. Évidemment, Jean, homme d'ordre, ne les avait pas reconnus. Élevant seul sa fille qui a 19 ans, il l'étouffe involontairement face à ce que Pinoteau appelle l'« équinoxe de printemps d'Isabelle ». Et lorsque cette très bonne élève qui s'intéresse un peu trop aux garçons connaît l'échec, elle explose et envoie tout à la figure de son père.

Le père de Catherine (Stéphane Audran) dans *Vincent, François, Paul et les autres* est d'un tout autre calibre. Appelé au petit matin par Catherine, il a accouru pour venir aider financièrement Vincent, qui est pris à la gorge par les dettes de son entreprise. Son admiration pour Vincent, malgré la séparation avec sa fille, n'est pas feinte même s'il peine à trouver ses mots : « Il ne

1. Dabadie avait beaucoup de tendresse pour Lino Ventura, même si ce dernier avait refusé de l'accompagner pour la remise du prix Louis-Delluc pour *La Gifle*, acceptant mal de se faire voler la vedette sur ce film par la toute jeune Adjani. Son excuse était formidable. Il venait de servir des pâtes à Dabadie et Pinoteau, et il restait donc à table car il voulait « manger chaud ».

faut pas que vous vous laissiez... enfin moi, j'ai toujours aimé votre côté... Oh quand on disait Vincent... »

Georges a une solution. Il peut prêter 10 millions d'anciens francs à Vincent pour un mois afin de sauver son entreprise. Ce dernier le regarde avec affection. Il ne peut accepter : « De toute façon, je ne peux pas vous dire un mois. Ce ne serait pas honnête... le temps de... Je pourrais pas vous les rendre avant trois mois. Je vous remercie, non ! »

Mais cela n'impressionne pas Georges. Il s'assoit et prend son chéquier tout en disant : « Jusqu'à trois mois, c'est possible. » Georges lui avoue que cela lui a fait de la peine quand Vincent et Catherine se sont quittés. Vincent ajoute tristement : « Vous savez qu'elle a demandé le divorce ? – Oui je sais », dit Georges à mi-voix.

Des mères hautes en couleur...

Dabadie s'intéresse beaucoup plus aux personnages maternels. Difficile de ne pas y voir une partie autobiographique tant il vouait à la sienne une adoration sans pareil. Dans ses scénarios, les mères sont des personnages étonnants, extravertis et peu en adéquation avec la période des années 1970, que ce soit la mère de Rosalie dans *César et Rosalie*, la mère de Marie dans *Une histoire simple* ou la très exubérante mère de Simon, la redoutable Mouchy.

La mère de Rosalie (Eva Maria Maneke) est haute en couleur. Ayant dépassé les 50 ans, elle se remarie pour la troisième fois, ce qui était quand même rare dans les années 1970. Nul ne sait si ce sont des divorces ou des veuvages. En tout cas, le père de Rosalie est totalement absent du film. Personne n'y fait référence. Son premier mari fut le père de Rosalie et de sa sœur, Carla, le deuxième fut le Dr Guérin, le troisième est Henri Marieu, inspecteur des impôts, âgé de 57 ans[1].

La mère de Rosalie a invité David (Sami Frey), premier grand amour de sa fille, à son mariage sans le lui dire. Et quand Rosalie (Romy Schneider) l'interroge (« Pourquoi tu me l'as pas dit ? »), elle répond de façon très affirmative : « Si, je te l'ai dit. » Alors que Rosalie s'étonne, sa mère conclut par un très rapide : « Alors je ne te l'ai pas dit. » Les raisons pour lesquelles la mère de Rosalie a invité sciemment David, qui était pourtant à l'étranger, sont mystérieuses. Est-ce parce qu'elle se méfie de César et qu'elle souhaiterait un autre parti pour sa fille ? Est-ce parce qu'elle se doute que Rosalie est encore amoureuse de David ? Est-elle, elle-même, amoureuse de David par un phénomène de transfert ? Difficile à dire.

La communication entre les deux femmes n'est pas bonne. À Noirmoutier, la mère tente d'engager un dialogue avec sa fille : « Henri se fait du mauvais sang pour toi. » Phrase étrange, car cela signifierait presque qu'elle se désintéresse du malaise et du mal-être de sa fille. Rosalie, un peu surprise, lui répond « Moi aussi », ce qui lui vaut une remarque de sa mère : « Ce n'est pas une réponse, ça. » Rosalie met fin à la conversation : « Bah, quelle question me poses-tu ? » On mesure bien à quel point le lien avec la mère et la fille est distendu,

1. Le très taquin Dabadie le fait naître à Versailles avec pour mère Marie-Antoinette Capet !

voire rompu. D'ailleurs, quand Rosalie va partir de son côté avec sa fille, abandonnant César et David, elle coupe aussi les ponts avec sa famille : elle écrit un peu à Marité depuis Grenoble, « puis elle n'écrivit plus à personne ».

La mère de Marie (Madeleine Robinson), dans *Une histoire simple*, est également une personnalité intéressante. Lors d'une discussion avec Marie (Romy Schneider) sur sa rupture avec Serge (Claude Brasseur), elle comprend la décision de sa fille même si elle a des interrogations. Elle souhaite surtout savoir si sa fille a remplacé Serge, ce à quoi Marie répond par la négative.

La mère de Marie a souvent Serge au téléphone et ne sait quoi lui dire. Elle est *in fine* navrée de cette rupture, ce qui agace cette dernière : « Je ne vais pas revivre avec lui pour que tu ne sois pas triste ! » Est-ce une « crise de femme » selon les propres mots de Marie ? Ce que répond sa mère est étonnant, même pour 1978 : « Est-ce qu'il y a des raisons physiques ? » Marie est interloquée et ne sait que répondre. Sa mère insiste : « Parce que moi, à part ton père, je peux dire que je n'ai aimé qu'André. Mais je n'ai pas connu qu'eux, j'ai mon âge. Et même à mon âge, une femme est une femme[1], imagines-tu ! » Marie ne veut imaginer car elle est confrontée à deux tabous : la sexualité des quinqua- et des sexagénaires dans les années 1970 et surtout celle de ses propres parents. Cet aveu, parfaitement naturel de nos jours, est totalement en avance pour son époque.

1. Marie ayant 39 ans dans le film, sa mère doit avoir entre 55 et 60 ans.

Des mères abusives

La mère que Dabadie a pris le plus de plaisir à dépeindre est celle de Simon (Guy Bedos), surnommée Mouchy dans *Un éléphant ça trompe énormément* et *Nous irons tous au paradis*.

Pied-noire, veuve ou divorcée, Mouchy (Marthe Villalonga) est le prototype de la mère juive sépharade envahissante qui a une emprise énorme sur la vie de son fils, qui habite d'ailleurs dans le même immeuble. « Depuis trente-cinq ans il avait cette liaison avec sa mère. Elle était son soleil et sa tourmente. » Jean-Loup Dabadie se serait inspiré pour le personnage de la mère de Guy Bedos, même si cette dernière était, selon les dires de son propre fils, encore plus méchante. Ce « couple » un peu spécial entre une mère et son fils est détonnant à plus d'un titre. Il est aussi une performance d'acteur tout à fait remarquable : en effet les deux comédiens n'ont que deux ans de différence dans la vie…

La mère de Simon, Mouchy, avec sa faconde pied-noire, compose un personnage qui permet à Dabadie de trouver des répliques exceptionnelles de drôlerie et d'esprit français : « Jouez, jouez les enfants, j'ai rien qu'une chose à dire à Simon » ; « J'appelle mon fils, il me raccroche au nez de sa mère… » ou encore « Bonjour mon pauvre Bouly, Simon m'a dit, alors c'est la solitude, eh bien je vous envie croyez-moi ! »

Mouchy apparaît dans trois scènes, toutes d'anthologie, dans *Un éléphant ça trompe énormément* et dans *Nous irons tous au paradis*. Restons quelques instants sur l'homme qui partage sa vie, Charles Dutillet (Richard Saint-Bris), qui était, selon Mouchy, dont on connaît le sens de l'exagération, un patron international de la chaussure de sport. Deux remarques magnifiques d'Étienne le décrivent parfaitement : « Son stoïcisme badin faisait notre admiration » et « Il faisait beaucoup plus que son âge. Il avait ses raisons. » Est-il jaloux ? Si on la croit, cela semble le cas. Lorsque Mouchy débarque en furie chez son fils, ce dernier s'offusque : « Tu arrives comme ça, sans prévenir, la maison s'écroule… on était là, y avait pas de bruit… ». Elle explique qu'elle a reçu « une lettre, je te jure innocente, pas un mot qui dépasse. J'ai rencontré ce garçon chez une relation. Jusqu'à présent, on est en République, non ?… Eh bien l'autre, il me fait pas un drame tragique ? Mais de quel droit ? Ou alors on se marie… je ne t'oblige pas, mais là tu pourras parler. » Quelque temps avant, lors d'une conversation téléphonique dans l'appartement vide de Bouly, que Marie-Ange a quitté sans tambour ni trompette avec les enfants, Mouchy veut faire part à son fils de propos inappropriés de Charles. Simon est surpris : « Comment, il t'a dit ça ? Ça, c'est pas mal. » Mais la raison reprend vite le dessus : « Ça m'étonne de Charles. »

Enfin, lorsque Mouchy débarque de façon tout aussi tapageuse, en grande tenue, sur le cours de tennis avec sa valise – ce qui lui vaut la remarque de son fils : « Pourquoi tu as sorti les fourrures ? » –, elle lui explique qu'elle s'en va. « Tu sais ce qu'il m'a dit cette nuit ? Et en plus il m'a réveillée pour me le dire. Devine, je te souffle pas ! » Charles jaloux ? Cela paraît étonnant. Mais Mouchy arrive à ses fins et Simon finit par marier sa mère. Comme le dit Étienne, « Charles Dutillet se mariait sur ses gardes, mais comme le dit Mouchy, pendant le déjeuner, il n'y a que le résultat qui compte ! »

Mouchy fait vivre un enfer à son fils et le maintient dans un état d'infantilisation permanente. Par deux fois, sur le cours de tennis et lors d'une réception, elle le menace physiquement : « Ne me parle pas sur ce ton, car je suis encore ta propre mère. Et tu pourrais recevoir une claque devant tous tes camarades. » Dans *Nous irons tous au paradis*, lors d'une réception donnée par Mouchy et alors que Simon tient le bras de sa mère qui a un briquet allumé, elle lui dit encore : « Simon, si tu mets le feu, tu prends une claque. »

De même, Mouchy veut absolument que Simon vienne retrouver un ami d'enfance, fils de Marie-Line Martinez, un certain Jean-Claude. Rivalisant d'accent pied-noir, les deux mères tiennent leurs fils par la main. Mouchy demande à son amie ce que fait Jean-Claude, qui est salué gauchement par Simon. La réponse est magnifique : « Il est dans l'atome, au CNRS », dit-elle en détachant chaque lettre de l'organisme et en lui ébouriffant les cheveux. Jean-Claude semble tout aussi coincé que son « ami » Simon. Les deux mères ne savent trop que dire : « Ah, ils nous en ont fait voir, hein ? – Oui, mais ils nous donnent aussi des satisfactions ! » Il semblerait que ce soit l'exacte phrase prononcée par les mères de Jean-Loup Dabadie et Gérard Oury, qui se croisèrent un jour par hasard.

Quand elle ne harcèle pas son fils, Mouchy lui fait un chantage au suicide, peu crédible évidemment. Elle menace de s'asphyxier : « Va lui parler [à Charles] ou alors tu me dis carrément que tu préfères que j'ouvre le robinet de gaz ? » Puis sur le court de tennis, elle demande à son fils : « C'est normal que tu t'enfermes avec M. Simoni quand ta mère est au bord du gaz ? » De même, lors de la scène de la rupture à l'hôpital, elle lui assène : « Puisqu'il paraît que je suis un calvaire et compagnie… » puis « La valise, je la garde, tu viendras la chercher après ma mort ».

Mouchy se montre odieuse et tyrannique avec tout ce qui peut éloigner Simon de la férule maternelle.

Avec les femmes d'abord, en refusant à plusieurs reprises de saluer Mireille Fayolle, maîtresse de Simon et qui, selon Mouchy, « n'a que son derrière pour diplôme », raison pour laquelle elle refuse que son fils « aille tout croquer avec une folle ». Ce n'est manifestement pas la première fois que cela arrive : « Qu'est-ce qu'elle t'a fait encore, celle-là ? » lui demande Simon alors que Mireille Fayolle vient de fuir. Il en va de même pour Mme Lubéron, autre maîtresse de Simon, lorsque ce dernier reproche à sa mère de ne pas avoir de pudeur et de déballer tous ses ennuis devant ses amis. La réponse claque : « Tu parles à ta mère ou à Mme Lubéron ? »

Avec la médecine ensuite, qui éloigne son fils d'elle. D'abord la secrétaire de son fils, Mme Paquet, surnommé « l'Autre Folle » : « Elle m'a empêché de rentrer dans ton cabinet. » Simon lui explique qu'il était en rendez-vous avec M. Simoni [encore un nom pied-noir], ce qui n'arrête pas Mouchy, qui à deux reprises lui lance : « Il a rien du tout celui-là, c'est un comédien » ; « Demande à Mme Paquet ». Elle va jusqu'à prendre rendez-vous avec son fils à l'hôpital tout en lui disant : « J'attends mon tour, ne t'inquiète pas pour moi, t'as qu'à servir ces messieurs dames. » Par ailleurs, elle semble tout aussi hypocondriaque que son fils en évoquant une maladie supposée, ce qui lui vaut une remarque de Simon : « Tu dis, vous serez bien débarrassés quand je serai à l'hôpital. Pourquoi tu veux y aller, mais non tu n'as rien. C'est psychosomatique. » La suite donnera malheureusement tort à Simon.

Mouchy a en outre une relation pathologique avec l'argent. Si son fils refuse de voir sa mère au bord du suicide, c'est parce qu'il est en rendez-vous avec un client : « Forcément, il te paie, alors tu le reçois avec des sourires. Mais si maintenant il faut payer pour te voir, dis-le, je ne le savais pas. Combien je te dois ? »

De même, lorsqu'elle ramène les affaires personnelles de Simon à l'hôpital, elle lui dit : « C'est ta part après ton père et fais-moi le plaisir, compte devant tout le monde, que tu ne viennes pas dire après que je t'ai volé. » Plus symboliquement dans la scène du tennis, elle lui annonce qu'elle part sans lui laisser d'adresse, « comme cela [il] économiser[a] le timbre ».

Quelle peut être la raison de tout cela ? « Je me ne suis pas saignée aux quatre veines toute ma vie, qu'il y a quatre ans, je faisais encore des jupes... », lancera-t-elle. On sent quand même un peu d'exagération pied-noire...

Mouchy ne cache guère qu'elle n'a que peu de sympathies pour les idées politiques de son fils : « C'est encore tes idées de gauche, ça. Tu es communiste maintenant. Dis-le. Je dirai aux gens, mon fils est communiste. » Lorsque Simon accourt après son malaise à La Samaritaine, il retrouve Mouchy à son balcon et lui dit : « Tu ameutes la région, tu demandes une ambulance et on arrive, tu es là, tu fumes... », ce à quoi sa mère lui répond : « La fumée de ma cigarette te dérange ? ... Eh bien si c'est ça votre médecine de gauche, les communistes, ils ont pas intérêt à prendre froid ! »

Dabadie a aussi écrit un sketch sur une mère abusive, pour Jackie et Michel Sardou, au milieu d'une série de concerts au palais des Congrès. Le dialogue entre le fils et la mère est hilarant.

Jackie Sardou interpelle son fils pendant qu'il commence à chanter *Comme d'habitude* en lui disant : « Mais pourquoi tu fais cette tête ? Tout le monde me dit : “Pourquoi il fait cette tête quand il chante ?” Souris ! Sois content d'être sur scène ! »

Son fils, agacé, lui répond :

« Tu ne vas pas parler pendant que je chante ? Qu'est-ce que tu dis ? »

Sa mère a réponse à tout :

« Je dis : Ne fais pas trop de gestes, ton père était sobre, sois sobre. Je te dis ça, c'est pas pour moi, Michel. C'est toi qui chantes ! »

Par ailleurs, cette dernière va excéder son fils pour une histoire de talonnettes, et elle aura le dernier mot :

« Mais enfin, ne le prends pas sur ce ton, je suis ta mère, une mère a le droit de dire en tête à tête à son fils : fais attention avec les talonnettes. Quand même je ne suis pas une étrangère ! Ou dis-le-moi définitivement. »

Enfin, alors que Michel Sardou explique à sa mère les premières strophes de *My Way* (« Je me lève et je te bouscule / Tu ne te réveilles pas, comme d'habitude »), cette dernière n'hésite pas : « Remarque bien si elle ne se réveille pas, tu as raison de la bousculer, une femme, ça doit pas rester au lit toute la journée ! »

Les parents chez Jean-Loup Dabadie sont très loin des stéréotypes habituels du cinéma. Bien au contraire, ce sont des personnalités complexes, pas toujours sympathiques, déroutantes et souvent en avance sur leur temps. Mais l'inverse d'un comportement à suivre. Les traces de l'enfance de Dabadie demeurent indélébiles.

Partie 2

Relations humaines

1

Amitiés

Quand on évoque des histoires d'amitié dans le cinéma français, trois noms se détachent immédiatement : Sautet, Dabadie, Robert. La bande du Splendid suivra rapidement, avec *Les Bronzés* (1978) et *Les Bronzés font du ski* (1979) dans un style différent et beaucoup plus décapant. Nul doute que Dabadie les a repérés. Il écrira même en 1981 pour une partie de la troupe du Splendid un film trop peu connu et sous-estimé, *Clara et les chics types*, dont les dialogues sont particulièrement ciselés[1].

L'une des caractéristiques de l'œuvre de Jean-Loup Dabadie est l'importance qu'il attache à l'amitié sous toutes ses formes et qu'il décrit avec une sensibilité, une finesse et une précision exceptionnelles. Sans faire de psychanalyse de bazar, le souvenir d'une enfance de fils unique, élevé par ses grands-parents, l'a-t-il marqué à ce point ? Tous les témoignages concordent sur l'importance de l'amitié dans la vie de Jean-Loup Dabadie. Dans son livre de mémoires, Yves Robert évoquera même avec ce dernier des sentiments « un

1. À titre d'exemple, l'irrésistible « Je suis beaucoup trop impulsif. Je le sais, j'ai du sang suisse. »

peu amoureux ». Dabadie conservera toujours avec les immenses artistes avec qui il travaille des liens d'amitié d'une très grande force, même s'il demeure lucide sur leurs défauts, le cabotinage d'un Montand, les colères de Sautet ou de Romy Schneider, le caractère parfois un peu fruste de Lino Ventura...

Les bandes d'ami(e)s pour le meilleur et pour le pire

Dabadie aime les bandes, qu'elles soient mixtes (*Clara et les chics types* ; *Vincent, François, Paul et les autres*), composées exclusivement de femmes (*Une histoire simple*), ou d'hommes (*Un éléphant ça trompe énormément* et *Nous irons tous au paradis*).

Un éléphant ça trompe énormément et *Nous irons tous au paradis* illustrent parfaitement la devise « Tous pour un, un pour tous ». Les amis sont toujours présents pour voler au secours de celui qui est en détresse.

Ainsi, lorsque Marie-Ange (Anne-Marie Blot) quitte Bouly (Victor Lanoux), les trois amis – tous présents dans son appartement lorsque ce dernier s'aperçoit que Marie-Ange est partie avec les meubles –, même s'ils reconnaissent que « Bouly poussait parfois le bouchon assez loin », ils vont tout faire pour essayer de redonner le sourire à leur ami. Comme la mythique scène où Daniel (Claude Brasseur) imite un aveugle, un instant abandonné par Simon (Guy Bedos) et qui, affolé d'être laissé seul, se met à tout détruire dans le restaurant. Les serveurs sont tétanisés et n'interviennent pas. Ils ne peuvent pas molester ou brutaliser un handicapé. Bouly, derrière la vitrine, est hilare, mais Simon, inquiet, décide d'arrêter les frais. D'ailleurs, ce dernier préfère « les blagues au téléphone parce qu'on nous voit pas ». Mais Bouly est inconsolable. Daniel est même prêt à aller faire le flic à Saint-Germain ou à aller au claque. Curieuse idée... Simon note : « On n'en connaît même pas... »

Lorsque Bouly apprend à Simon et Daniel dans *Nous irons tous au paradis* que Marthe trompe Étienne, les deux amis sont stupéfaits. Daniel est stupéfait et par deux fois va dire : « Même elle ? »

Simon et Daniel sont aux petits soins pour Étienne. Daniel l'embrasse, et Simon lui propose : « Je te fais d'abord une petite assiette ou tu veux d'abord... » Daniel renchérit : « Oh bah dis donc tu veux pas qu'on... » Étienne a compris : « Bouly vous a parlé », ce que les deux compères s'empressent de démentir. En pure perte, naturellement. Mais savoir que leur ami traverse une période difficile ne leur paraît pas acceptable et ils font tout pour amoindrir sa peine.

L'une des plus belles scènes de *Nous irons tous au paradis* est celle de la mort de Mouchy (Marthe Villalonga), mère de Simon. Lors du décès, son fils est avec sa maîtresse en week-end en amoureux, impossible à joindre. Étienne, Daniel et Bouly sont informés de la triste nouvelle et ils vont tous ensemble attendre Simon sur le quai de la gare. C'est la première fois qu'ils se retrouvent après leur dramatique fâcherie du tennis. Étienne, le plus âgé, est choisi pour apprendre la nouvelle à Simon, mais Bouly est trop bouleversé : « Y a Étienne qui veut te parler. Il veut te dire que ta maman est morte. » Simon s'effondre. Il donne des coups timides sur la poitrine du Cassandre. Bouly, au bord des larmes, l'encourage : « Tape, tape, mais tape, tape allez », comme pour conjurer et apporter un dérivatif à cette terrible douleur. La scène est sublime de sobriété et d'amitié.

Évidemment, les trois accompagnent Simon aux obsèques de Mouchy et vont rester avec lui dans une maison au bord de la mer en Normandie, bizarrement achetée par les parents de Simon à leur retour d'Algérie. Ce dernier, épuisé, s'est endormi et les trois amis dissertent, quand Bouly, tendrement, dit : « Y a le petit qui se réveille. »

C'est à cette occasion que, à la surprise générale, Daniel leur apprend qu'il va se marier. Stupeur des compères. Étienne et Bouly sont sidérés et la maladresse de leurs réactions le montre : « Qu'est-ce que tu appelles te marier ? » « Tu veux dire... avec une femme ? » Simon est plus sobre quand il apprend la nouvelle, mais sans doute encore plus surpris. Il ne saura dire par deux fois que « Daniel ? Daniel ? » Mais il se reprend très vite : « Comment s'appelle-t-elle ? » La réponse fuse « Marie-Christine ». Mais Daniel assume : « Ça ne m'empêchera pas de siffler les militaires ! »

Les trois amis sont impatients et nerveux à l'idée de rencontrer la fiancée de Daniel, avec laquelle un rendez-vous a été pris dans un café. Bouly, qui la voit arriver de loin, est un peu surpris : « C'est pas une première main, Marie-Christine... Elle a quelques heures de vol. » Mais la scène est superbe, car elle va permettre à Daniel de bien faire comprendre à sa fiancée que ses trois amis font partie intégrante de sa vie et ne sont pas négociables. Quand Marie-Christine demande, un peu agressive, à Daniel ce qu'il veut boire, la réponse est claire et nette : « Comme eux. »

Elle les interroge sur la différence d'âge entre Daniel et elle. C'est Bouly qui répond le mieux tout en s'emmêlant les pinceaux : « On voit plus d'un couple au départ, on se dit bon, y a décalage horaire, et puis hein, regardez ma sœur, elle a un an de plus que Jean et c'est pas pour ça que... » Mais il s'enferre et il ne sait que dire à Marie-Christine, avant d'essayer de s'en sortir par un : « Est-ce que je peux vous embrasser ? » Et lorsqu'il est suggéré d'organiser le mariage dans leur maison de Neuville, en bordure de l'aéroport de Roissy, Étienne plaisante en expliquant « Il ne vous a pas dit qu'il possédait une superbe propriété à la campagne, loin du bruit et de la fureur de notre grande cité ? », Daniel réplique immédiatement : « Que *nous* possédons », nouvelle preuve de son attachement à ses amis.

Engueulades entre amis

Mais il arrive également qu'entre amis on s'engueule, car il n'est pas possible de trouver d'autres mots. Comment ne pas y voir une touchante analogie avec le caractère bien trempé de Claude Sautet et les discussions souvent très animées lors des bruyantes agapes réunissant de nombreux amis et qui avaient lieu au moulin de la Guéville, sur la commune de Saint-Hilarion, dans les Yvelines, résidence de campagne du couple Robert ?

On pense à la mythique scène du gigot dans *Vincent, François, Paul et les autres* mentionnée plus tôt, mais également à l'algarade très animée entre Francine, Anna et Esther sous le regard muet de Marie et Gabrielle sur leurs relations avec les hommes, évoquées plus avant. Cette dispute très violente prend fin avec la destruction involontaire d'un plat. Il était en effet temps, car cela commençait à tourner au vinaigre.

Mais l'engueulade la plus magistrale a lieu sur un court de tennis entre les quatre amis de *Nous irons tous au paradis*. La scène est baroque : ils jouent au tennis, en double avec des casques sur la tête pour amoindrir le bruit assourdissant des avions qui passent au-dessus de leurs têtes. Comme souvent au tennis, la dispute commence avec de menues tricheries sur de supposées fautes de ligne. Bouly (Victor Lanoux) est absolument persuadé qu'Étienne (Jean Rochefort) et Daniel (Claude Brasseur), qui lui sont opposés, trichent pour le faire perdre et sortir de ses gonds, ce qui n'est pas impossible, même si la scène garde volontairement une certaine ambiguïté sur le sujet.

Bouly en devient injuste « avec leur maison à la con », ce qui lui vaut un retour gagnant de Daniel : « Dis *notre* maison maintenant. Qui c'est qui nous l'a fait acheter[1] ? » Il s'en prend aussi à Étienne : « Et l'autre là-bas, qui veut tout vérifier avec ses études soi-disant supérieures. » Bouly ne peut plus s'arrêter. Il lance à Daniel : « Je voudrais pas faire couler ton Rimmel. » Mais Daniel n'est pas un homosexuel soumis, surtout face à Bouly, à qui il balance : « Moi je mets pas de Rimmel, mais l'autre, tu sais celui qui joue debout, il met des bigoudis et ça l'a pas empêché de se tirer avec ta femme. » Voyant que la situation dégénère, Simon tente d'intervenir, mais il se fait rembarrer immédiatement par Bouly avec un : « Les cocos

1. Voir le chapitre p. 199 sur les maisons de campagne.

à Moscou… C'est ta mère qui dit ça. » La dispute va alors s'engager entre Bouly et Daniel d'un côté, Étienne et Simon de l'autre.

Daniel traite alors Bouly d'antisémite, ce qui plonge ce dernier dans un abîme de perplexité. « On a le type sémite ou on n'a pas le type antisémite, qu'est-ce que ça veut dire ? »

Daniel a réponse à tout : « C'est comme toi, avec tes petites moustaches, ta façon de parler, de marcher dans la rue, de regarder les mecs. Ça se voit que tu as le type antisémite. » Devant l'infamie de l'attaque, Étienne ne peut que lui dire : « Ah non, Daniel, non. » Bouly réattaque : « T'es tout seul dans ton petit costume pour me parler ? » Daniel réplique : « Il est bath l'Apollon. » « Tu sais ce qu'il lui dit l'Apollon à Miss France ? » répond Bouly. Daniel répond : « Elle va te filer un coup de tronche Miss France, tu vas voir. » Et les deux finissent par se battre.

De leur côté, Simon et Étienne se disputent tout autant : « Écoute Simon, ce n'est pas parce que ta mère te détraque les nerfs… » Simon est ulcéré : « Ah laisse ma mère et occupe-toi plutôt de ta femme, parce que hein ! » Étienne a compris et le saisit à la gorge : « Pourquoi tu me dis ça, pourquoi tu me dis ça ? »

Il est intéressant de voir que Bouly et Daniel d'un côté, Simon et Étienne de l'autre, se battent séparément. La différence de classe sociale entre les quatre amis est éclatante ; on verra à de multiples reprises, dans les deux films, l'opposition entre les deux prolos – Bouly et Daniel – et les deux bourgeois – Simon et Étienne.

Si Dabadie excelle dans la représentation de groupes d'amis, il n'en est pas moins expert pour ce qui concerne l'amitié entre deux personnes, que ce soient des hommes ou plus rarement des femmes, même si le portrait qu'il dresse de Marie (Romy Schneider) et de Gabrielle (Arlette Bonnard) dans *Une histoire simple*, que nous verrons plus tard, est d'une grande beauté.

Les amitiés masculines

Comme souvent, le texte d'une chanson peut être un raccourci saisissant pour décrire un sentiment. En ce sens, *Le Vieux Couple*, interprétée par Reggiani, évoque merveilleusement l'amitié entre deux hommes :

Tu connais bien mes habitudes
Je connais bien ta solitude
Nous sommes en somme un vieux couple
Mon ami, mon copain, mon frère
Ma vieille chance, ma galère
Mon enfant, mon Judas, mon juge
Ma rassurance, mon refuge
Mon frère, mon faux-monnayeur
Mon ami, mon valet de cœur
Je ne voudrais pas que tu meures[1]

Ces amitiés ont toutes des caractéristiques différentes. Celle entre l'architecte Pierre Bérard (Michel Piccoli) et François (Jean Bouise), son ami et associé dans *Les Choses de la vie*, est de l'ordre du classique : « Tu te rends compte, trente-neuf ans. Inséparables. Et tu

1. Il est curieux de noter à quel point les chansons de Dabadie évoquent fréquemment la mort, alors que ce thème est peu fréquent dans ses films.

me quittes pour une femme. » François est l'ami fidèle et parfait. Lorsqu'il monte dans la voiture de Pierre pour se rendre au rendez-vous du chantier sur lequel ils travaillent, il s'enquiert d'abord des nouvelles du père de Pierre puis d'Hélène (Romy Schneider), dont il connaît l'importance. Il ne peut s'empêcher d'évoquer Catherine (Lea Massari), l'ancienne femme de Pierre avec qui il s'est disputé, car il disait du mal de son ami.

La vieille amitié entre les deux hommes fait qu'ils n'ont pas besoin de se parler pour comprendre les situations. Lorsque François rejoint Pierre et Hélène au restaurant, il fait un très cérémonieux baisemain à Hélène, et se rend compte immédiatement que les deux amants se sont gravement disputés.

François est aussi un poète : puisqu'il consent à être abandonné (« C'est moi qui aurais le plus de peine de te voir partir »), il décide de noyer son chagrin avec son ami en buvant un bon verre. Un cafetier de leurs amis a reçu du Pacherenc, vin doux du Sud-Ouest, que François va présenter avec lyrisme : « Alors mon grand, imagine-toi un champ de boutons d'or où passerait une rivière. Le mois d'avril, tu vois le mois d'avril ?... C'est un vin rare, un peu enfantin et qui ne voyage que rarement. »

François sera là à l'hôpital de Rennes quand Pierre y sera transféré après son dramatique accident de la route. C'est dans le bureau d'une infirmière qu'il apprendra la mort de son ami. Il est défait, abasourdi, perdu. Il retrouve Catherine et le père de Pierre, qui viennent d'être rejoints par deux médecins. Le père de l'accidenté veut voir le corps. Après avoir réconforté Catherine, François, hagard, le suit pour aller retrouver une dernière fois son grand ami. La scène est aussi glaçante que superbe.

Dans *Vincent, François, Paul et les autres*, il existe un lien très particulier entre Vincent (Yves Montand) et Jean (Gérard Depardieu). Ce dernier est à la fois le fils adoptif de Vincent, qui aurait tant aimé lui transmettre son entreprise, son confident et son homme de confiance. Fils d'un des premiers associés de Vincent quand ce dernier a monté sa première entreprise de mécanique générale, Jean cherche à devenir boxeur professionnel et, dans l'attente, il travaille chez Vincent. Jean est un personnage à part dans le film, interprété génialement par le jeune Gérard Depardieu, qui ne fut jamais intimidé par les monstres sacrés du cinéma français auxquels il était confronté et qui les a même largement impressionnés tant il était à l'aise sur un plateau.

La caméra de Sautet excelle dans les regards passés entre les deux hommes. Il n'est pas besoin de beaucoup de dialogues pour comprendre la connivence, l'amitié et le respect qui existe entre eux.

Ainsi, quand la cabane de Paul (Serge Reggiani) brûle et que ce dernier annonce presque en catimini « Et le butane ? », Jean a compris et se précipite dans la cabane en feu pour enlever la bouteille de gaz, qui peut à tout moment exploser. Lucie (Marie Dubois), Julia (Antonella Lualdi) et Paul l'appellent pour lui dire de sortir, mais c'est Vincent qui se précipite vers lui pour l'aider à sortir le butane du brasier. Et c'est presque un père qui s'adresse à lui : « Mais tu es fou ou quoi ? Merde, fais pas des trucs comme ça, écoute ! » Quand Jean repart de chez Paul avec son amie Colette (Catherine Allégret), le très paternel

Vincent ne peut s'empêcher de lui dire : « Fais gaffe avec la moto, Jean ! »

Quelques jours plus tard, Jean se rend compte tout de suite à la tête de Vincent que ce dernier a des ennuis, en l'occurrence l'obligation de trouver 13 millions pour son entreprise. Jean essaie dans un premier temps de rassurer Vincent puis de trouver des solutions. Il va surtout l'accompagner en voiture lorsque Vincent ira à la banque, puis chez son créancier, et enfin chez son ami et collègue Armand (Jacques Richard), dont l'usine est malheureusement fermée. Les deux hommes sont très en retard, Vincent pour aller dîner chez les parents de Marie (Ludmila Mikaël) et Jean pour son rendez-vous à sa salle de sport avec Colette.

Naturellement, c'est à Jean que Vincent va parler en premier de la solution temporaire qu'il a trouvée grâce au prêt du père de Catherine[1] (Stéphane Audran) et c'est en retour que Jean apprend à Vincent qu'il va sans doute enfin boxer le mois prochain contre un certain Catano. La réaction de Vincent est intéressante : après avoir manifesté son inquiétude, il demande tout de suite à Jean combien il sera payé pour ce combat. Mais ce n'est pas l'esprit de lucre qui intéresse Vincent : c'est plutôt de savoir si Jean va pouvoir vivre de son rêve qu'est la boxe professionnelle. La somme semble importante même si Jean n'a pas encore signé et réfléchit. En effet, ce combat lui a été précisément proposé parce qu'il est très difficile de trouver un adversaire à Catano, qui est redoutable. Pour le moment, ce combat demeure un projet. Ce n'est que lorsque Jean aura

1. Voir partie 3.

entendu l'annonce de Vincent de la mise en vente de l'usine qu'il se décide à l'accepter. Il rejoint Vincent à son appartement immédiatement après, comme s'il craignait qu'il ne commette l'irréparable. Mais Vincent n'est pas dans cet esprit : au contraire, il invite Jean et Colette dans un restaurant pour fêter la vente à venir et en profite pour leur raconter toutes les étapes de sa carrière professionnelle.

Quand Vincent aura sa crise cardiaque, c'est naturellement Jean qui sera là pour s'occuper de lui et l'emmener chez François (Michel Piccoli). Simon, frère de Jean, conduit le véhicule et ce dernier soutient Vincent qui est affalé dans la DS. Jean reste dans la salle d'attente de François, en compagnie de Lucie (Marie Dubois). Il est sous le choc : il balbutie « Si je m'étais attendu à ça ! Pourtant, il est tellement fort ! ». On sent toute son admiration dans cette phrase.

La convalescence en bord de mer de Vincent se déroule sans Jean, qui s'entraîne pour le match contre Catano. C'est la raison pour laquelle notre héros veut rapidement rentrer à Paris, car « l'inquiétude de Vincent, c'était Jean. Il se reprochait d'avoir laissé Jean accepter ce combat qu'il savait perdu d'avance ». Évidemment Vincent assiste au match contre Catano. Il est très nerveux. Il ne parle pas. Au premier round, Vincent demeure silencieux, mais, à sa tête, on voit qu'il est inquiet et qu'il n'aime pas la tournure que prend le combat. Agacé par les commentaires incessants de Paul, il lui intime : « Tais-toi un peu, Paul ! » Pendant tout le match, Vincent va demeurer silencieux : il semble perdu puis abasourdi quand il comprend que Jean a gagné.

Quelques jours plus tard, Jean vient chercher Vincent à la sortie de l'usine d'Armand. Il vient lui annoncer, en premier comme toujours, qu'il arrête la boxe et qu'il part à Bordeaux faire un stage de six mois pour se perfectionner, car avec Vincent, il a « appris un métier ».

L'amitié entre César (Yves Montand) et David (Sami Frey) dans *César et Rosalie* est d'un ordre différent. L'intelligence du scénario de Dabadie est d'arriver à faire de deux rivaux de véritables amis. Difficile de s'imaginer en effet que les deux hommes puissent réussir à s'entendre. Les intéressés se rencontrent lors du mariage de la mère de Rosalie. La première étape de leur rivalité survient lorsque David double César au volant de sa voiture, ce qui manque de provoquer un accident dramatique. Quelques instants plus tard, pendant le repas de la cérémonie, lorsque David apprend à César qu'il a eu une liaison avec Rosalie, César le remercie pour sa franchise et ne peut s'empêcher de faire preuve d'un certain sentiment de supériorité en lui tapant le dos : « Hé, hé, dommage ! » Mais il demeure perplexe. Et inquiet. L'inquiétude va d'ailleurs le pousser à agir de façon peu rationnelle.

La deuxième rencontre entre les deux hommes a lieu quelque temps plus tard. Après que Rosalie a promis de ne plus revoir David, César décide de pousser son avantage, hélas pour lui, de façon peu subtile. Il essaie d'expliquer à David que cette relation à trois ne doit pas durer, car « c'est pas compliqué, [ils vont] être trois malheureux ». « Vous êtes bien David, si, si, si, si, vous êtes très bien... » et « Comme disait mon père, femme amoureuse n'est pas myope. » César assène trois arguments pour inciter David à s'écarter définitivement : « On va se marier... incessamment, question de jours, le temps de préparer les papiers. » Ensuite : « Elle attend un enfant... » et le très définitif « J'ai été très loin pour elle, très... j'ai même tué un type ». Difficile en effet d'aller plus loin ! Si César avait eu deux sous de jugeote, il se serait douté que David en parlerait à Rosalie... Cette dernière est au paroxysme de la fureur et rompt avec lui.

Mais César est opiniâtre et son charme quasi magnétique va agir une nouvelle fois. Pour la troisième rencontre entre les deux hommes, ce dernier va rouler toute la nuit pour retrouver David et Rosalie à Sète. Il a deux annonces tonitruantes à faire. D'abord tous les dégâts de l'atelier de David, qu'il avait saccagé, ont été réparés, et surtout, il a acheté une maison à Noirmoutier où Carla et Rosalie ont passé leurs vacances d'enfance : « On pourra y mettre toute la famille et puis les amis... » Toutefois, même sans cette nouvelle stupéfiante, David voit bien que Rosalie se rapproche de plus en plus de César. Elle lui avait expliqué auparavant : « Il est là, il existe, César, figure-toi. S'il me perd, il me retrouverait de l'autre côté du monde. » David est obligé de s'incliner, tout en admirant l'artiste.

La quatrième rencontre entre les deux hommes se passe dans l'atelier de David, quand César veut le persuader de venir à Noirmoutier. Elle se déroule mal puisque les deux hommes se battent et, pour une fois, César est un peu honteux de son attitude. Cette entrevue est toutefois fondamentale : un déclic semble s'être produit. David est touché par la sincérité absolue et la détresse de César. Il décide finalement de partir avec lui à Noirmoutier. À l'arrivée, Marité (Isabelle Huppert), demi-sœur de Rosalie, lui demande avec justesse : « Pour qui tu es venu, pour César ou pour

Rosalie ? » Le sait-il lui-même ? Une véritable amitié est née entre les deux hommes et lorsque César part pour Poitiers pour ses affaires, David, qui joue au volley, semble décontenancé, perdu, alors qu'il aurait dû se réjouir de pouvoir rester seul avec Rosalie. Cette dernière l'a compris d'ailleurs, car lorsque David lui dit « Si tu n'aimais pas César, tu ne serais pas dans cette maison », elle lui répond : « Et toi, si tu ne l'aimais pas, tu crois que tu serais là ? » Elle constatera d'autant mieux cette amitié naissante lors d'une excursion pendant laquelle César annoncera tout de go : « Je sais pas ce que j'ai, moi, mais j'ai envie de me battre. » Rosalie joue l'étonnée : « Avec qui ? » David répond en souriant : « Avec moi. » César le regarde alors d'un grand sourire. La rivalité entre les deux hommes a été remplacée par de l'affection.

La scène du poker menteur va aussi montrer le lien entre les deux hommes. C'est une veille de départ et de fin de vacances et une sourde nostalgie semble étreindre tout le monde. Le jeu passe de mains en mains, sans que personne conteste. C'est entre César et David que la partie va se cristalliser. David annonce trois rois, deux as, que César, en joueur de poker avéré, traduit par « full aux rois ». Il refuse de croire David, qui abat sous ses yeux stupéfaits les trois rois et les deux as. César est en effet très étonné. Pourquoi ? Parce qu'en mâle alpha dominant il déteste perdre – tout comme il ne supporte pas d'être doublé en voiture – et il ne répugne pas à tricher, ce qu'il avoue ingénument – « j'avais écarté le roi de cœur tout à l'heure » –, à quoi David répond : « Oui, mais il est tombé là et je l'ai ramassé. » César est furieux d'avoir perdu et de s'être fait avoir. Il accuse David d'avoir triché, ce que ce dernier reconnaît en lui disant ironiquement « Tu n'es pas fâché au moins ? ». Un des enfants l'a très bien compris : « Regarde la tête qu'il fait. » César a besoin d'avoir le dernier mot. Mais ce dernier est faible, voire très faible : « Avec des vrais joueurs, ça ne les ferait pas rire, tu sais. »

Le lendemain, César et David décident de partir pêcher ensemble avec Émile. Quand Rosalie leur annonce qu'elle ne les accompagnera pas, les deux hommes n'insistent pas. Cela ne leur déplaît pas de rester entre eux. Ils n'ont pas encore compris que Rosalie allait profiter de leur absence pour les quitter.

Il n'est donc guère étonnant après le départ de Rosalie que David décide de rentrer à Paris avec César pour ne pas le laisser seul et l'empêcher de se tuer sur la route. D'ailleurs, dans les mois qui suivirent, « David s'était beaucoup occupé de César, mais un magazine américain lui avait fait une offre. David accepta et il s'en alla ». Mais lorsque David revint en France, « il habita d'abord chez César ». La sublime scène de fin du film montre parfaitement cette relation si particulière qui s'est nouée entre les deux hommes. Ils ont prévu de s'organiser un week-end luxueux en Écosse, avant d'être bouleversés par l'arrivée impromptue et inattendue de Rosalie. Le dernier regard de David vers son ami montre qu'il considère que Rosalie est revenue pour César. N'est-ce pas la plus belle preuve d'amitié qui soit ?

Amitiés féminines

Dabadie n'excelle pas uniquement dans la description d'amitiés masculines. Celle entre deux femmes, Marie (Romy Schneider) et Gabrielle (Arlette Bonnard), dans *Une histoire simple*, n'est pas moins belle.

Cette amitié s'est illustrée surtout dans les moments difficiles. Marie raconte une curieuse histoire à Georges (Bruno Cremer), son ancien mari, avec qui elle a renoué. Un soir où il était absent, leur fils Martin avait des convulsions. Paniquée, Marie avait appelé Gabrielle, qui lui avait conseillé de lui donner un bain froid, et à minuit elle s'était déplacée avec son mari, Jérôme (Roger Pigaut), pour s'assurer que tout allait bien.

Marie est aussi la première à savoir de Gabrielle que Jérôme va être licencié. Elle essaie d'intervenir auprès de Georges, son ancien mari, haut cadre de l'entreprise, lors d'un dîner de retrouvailles. Certes, Marie a rompu avec Serge (Claude Brasseur) et est désormais seule, et l'on peut se demander si cette soirée avec Georges n'a pas été précisément organisée pour aider le mari de Gabrielle.

Un peu plus tard, dans la maison de La Ferté, Marie va se rendre compte qu'il se passe quelque chose d'étrange et de préoccupant dans la chambre de Jérôme et Gabrielle. Ce dernier a avalé des cachets en grand nombre, et Marie et Gabrielle vont s'employer à le faire vomir, ce qu'elles réussissent, sans pour autant ameuter le reste de la maisonnée.

Enfin, Marie est évidemment présente pour accompagner Gabrielle à la suite de l'annonce du suicide de Jérôme. Cette terrible épreuve va encore davantage rapprocher les deux femmes lors d'une très belle scène où Marie et Gabrielle sont couchées dans un lit et se font des confidences.

Les deux femmes évoquent les bons souvenirs du passé, sans nostalgie, et dressent même quelques plans d'avenir comme le fait d'habiter ensemble, ce qui est très novateur pour l'époque, et d'élever à deux le bébé de Marie.

2

Ruptures

Les raisons de la rupture

Si les divorces sont en général traités chez Dabadie sous un angle mécanique et juridique, les nombreuses ruptures sont différentes dans leur forme.

La raison du début de rupture entre Pierre et Hélène dans *Les Choses de la vie* n'est pas simple à analyser. Chose rarissime dans l'œuvre de Dabadie des années 1970, une femme souffre du fait d'un homme. Dans tous ses autres films de cette période, c'est l'inverse. Les ruptures, en général provoquées par les femmes, déstabilisent profondément les hommes, ce qui ne fait que confirmer l'axiome de la femme forte chez Dabadie.

En l'espèce, Pierre (Michel Piccoli) est l'archétype du sale type qui ne sait ou ne veut se déterminer entre Catherine (Lea Massari), son ancienne femme, et Hélène (Romy Schneider), sa maîtresse. Il jouit et abuse de cette situation. Hélène est amoureuse de Pierre et elle souhaite tout particulièrement partir avec lui en Tunisie, où il a un projet architectural très important. Voilà, selon Hélène, le meilleur moyen de s'attacher son amant. Mais ce dernier, qui est un peu pervers, a parfaitement compris la manœuvre. Aussi lors d'une scène dans un restaurant[1], Pierre joue le rôle de l'homme très calme et très posé, mais qui ne cède en rien sur ses décisions. Alors qu'Hélène lui apporte des documents à signer pour partir en Tunisie – le projet de vie du couple –, Pierre recule en disant que les dates doivent changer. En effet, il lui annonce qu'il va partir quinze jours en vacances en juillet avec son fils sur l'île de Ré. Hélène est défaite. Ces vacances impromptues avec son fils n'ont d'autre but que de reculer encore le départ en Tunisie, voire le compromettre définitivement. Or Hélène sait que Pierre est en concurrence avec un projet architectural italien et qu'il y a de fortes chances qu'il perde le marché s'il ne se présente pas sur place le 5 juillet. Elle a compris : « On partira jamais. » Elle quitte le restaurant. Le soir même, après le dîner, chez les parents d'Hélène où Pierre a été parfaitement courtois, mais totalement indifférent à Hélène, un dialogue s'instaure dans la voiture, posé et calme. Il est toutefois glaçant, tant Pierre semble indifférent, voire profondément ennuyé par Hélène, à qui il répond mécaniquement. Le réquisitoire de cette dernière est désespéré, mais implacable : « En général les hommes disent [aux femmes] : "Arrête de parler." Toi tu as dit : "Arrête de te taire." » Puis elle insiste sur ces vacances non prévues : « Quand tu seras à l'île de Ré avec Catherine, cela changera. Les soirées seront plus gaies », ce à quoi, Pierre répond, parfaitement mufle : « J'espère. Quand ce sera avec toi ailleurs, ce sera comment ? » Hélène rétorque : « On ne sera

1. Tout aussi magistrale et fondatrice des relations entre le couple que dans *César et Rosalie*.

jamais ailleurs. » Elle assène son reproche principal à Pierre dans une phrase bouleversante : « Tu m'aimes parce que je suis là, mais s'il faut traverser la rue pour me rejoindre, tu es perdu. » En miroir, on ne peut s'empêcher de penser à ce que Rosalie dit à David lorsque ce dernier, après quatre ans d'absence, lui propose de vivre avec lui : « Il existe, César, figure-toi. S'il me perd, il me retrouverait de l'autre côté du monde et il me ramènerait. » Deux opposés, mais une même et incroyable qualité et profondeur littéraire de ces répliques.

Parce que les scènes de rupture sont aussi des occasions uniques de dialogues sublimes dans l'exacerbation des relations humaines, Hélène lui décoche deux formules magnifiques auxquelles Pierre répond avec une parfaite indifférence et un total détachement : « Je suis fatiguée, Pierre, fatiguée de t'aimer » et « Je ne peux pas te donner ce que tu n'as plus ».

La chanson d'Hélène, composée par Philippe Sarde et écrite par Jean-Loup Dabadie, met merveilleusement en exergue le caractère déchirant pour Hélène de cette séparation. Hélas, Claude Sautet n'aimait pas cette œuvre et il accusait Sarde et Dabadie de l'avoir écrite et composée dans son dos. Elle ne sortira donc que bien après le film. Pour autant, cette « chanson d'Hélène », chantée par Romy Schneider et dite par Michel Piccoli, est sublime. Le refrain se limite à « Tu ne m'aimes plus ». Elle commence par :

Ce soir nous sommes septembre
Et j'ai fermé ma chambre
Le soleil n'y entrera plus
Tu ne m'aimes plus

Tout est dit sur la fin de cet amour. Pierre l'a déjà expliqué à Hélène dans la voiture, ce qu'il va reprendre dans la chanson avec « Je ne sais plus t'aimer » et « Je ne t'écrirai plus ».

La conclusion, désespérée, est laissée à Hélène :

L'Histoire n'est plus à suivre
Et j'ai fermé le livre
Le soleil n'y entrera plus
Tu ne m'aimes plus.

Les Choses de la vie sont une exception. Dans tous les autres films écrits par Dabadie, ce sont les femmes qui rompent. César (Yves Montand) dans *César et Rosalie* a commis une grave faute psychologique avec Rosalie : entraver sa liberté. Pourtant, cette dernière l'a bien prévenu dans la mythique scène du restaurant, où la beauté de Romy a rarement été plus éclatante. César l'interroge avec insistance sur David tout en reprochant à Rosalie de ne pas vouloir lui dire la vérité : « Mais César, la vérité, tu la sais, tu la vois. On est ensemble, si je voulais être avec lui, j'y serais. Je suis libre. »

La rupture de Lucie (Marie Dubois) avec François (Michel Piccoli) dans *Vincent, François, Paul et les autres* est de nature différente. Elle est latente et progressive tout au long du film, mais n'interviendra qu'à sa conclusion. François ne cherche pas à attenter à sa liberté. Au contraire, c'est l'absence totale d'intérêt pour sa femme qui le caractérise, ce que Lucie lui reproche amèrement : « Toi, tu m'entretiens, mais tu ne me fais pas vivre. Tu ne sais plus parce que tu nous méprises. » Lucie s'ennuie et prend des amants « qui ont quelque chose que [son mari n'a] plus... ils n'ont même pas [son] intelligence, ni [sa] force... ils sont vivants ».

La séparation de Vincent (Yves Montand) et Marie (Ludmila Mikaël) dans le même film est encore dissemblable. Une fois de plus, les préoccupations de Vincent au sujet de son entreprise, dont il ne parle pas, par pur machisme, à Marie, en sont l'une des causes principales. Marie reproche à Vincent son égoïsme : « Toi, toi... tout ce qui n'est pas toi, tu t'en fous. La vérité, c'est qu'il faut que tous les autres tournent autour de toi. La Terre et tous les autres ». Le ton demeure mesuré même si on sent l'agacement de Vincent et la colère qui monte chez Marie. Outre l'égoïsme de son amant, Marie pointe du doigt une réalité objective, mais qui n'en est pas moins rude et cruelle : « On est de plus en plus loin, Vincent. C'est peut-être parce que tu vieillis. Et que moi, j'ai 25 ans. » La conclusion est simple : « J'ai voulu m'en aller plusieurs fois déjà. Aujourd'hui, je te le dis : je m'en vais. »

Marie (Romy Schneider) dans *Une histoire simple* va connaître deux ruptures, d'abord avec Serge (Claude Brasseur) puis avec Georges (Bruno Cremer), son ancien mari, avec qui elle a renoué. Le motif de la rupture avec Serge est simple : l'éloignement non pas physique, mais psychologique. « Ce ne sont pas tes voyages tout le temps et pour rien qui t'ont éloigné de moi. Depuis longtemps, c'est justement quand nous sommes ensemble que tu me manques le plus. » Quant à Georges, la raison de leur rupture n'est pas l'éloignement. Marie ne supporte pas la dureté de Georges à l'égard de leur ami commun Jérôme : « "Il est fini", tu parles comme ça maintenant ? » Marie est fière : « Je m'en vais, n'aie pas peur. » Georges essaie de garder le change : « Peur de quoi ? », mais au fond de lui il n'est pas à l'aise d'avoir échoué à protéger son ami.

Les lettres de rupture

Il est intéressant de se pencher sur la manière dont Dabadie organise la rupture entre ses personnages. Puisqu'il est homme de lettres, il n'est donc pas étonnant que les séparations prennent le plus souvent une forme épistolaire, souvent contrariée.

Celle que Pierre (Michel Piccoli) a écrite pour Hélène (Romy Schneider), dans *Les Choses de la vie*, en est un bon exemple. On ignore son contenu. On sait est que Pierre décide dans la nuit d'écrire une lettre de rupture pour Hélène à la suite de la phrase – sublime – de cette dernière, prononcée quand il la dépose chez elle : « Je suis fatiguée, Pierre, fatiguée de t'aimer. » Dans la nuit, sur la route, affrontant la pluie, Pierre fait le même constat : « Moi aussi, je suis fatigué. S'expliquer, parler. Il faut s'arrêter. S'arrêter. Je sais pas écrire une longue lettre, moi ! » C'est pourtant ce qu'il va faire à la terrasse du café Chez Bruno Le Tord-Boyaux[1]. Alors que la lettre fait au moins trois pages, le spectateur n'en verra que quelques lignes : « Je te quitte. Nous allions devenir misérables, ce que je refuse... Je préfère continuer ma vie seul. »

Ayant récupéré une enveloppe au bar, Pierre fait la queue à la Poste afin d'acheter un timbre pour envoyer

1. Évidemment, un hommage à Pierre Perret et à sa célèbre chanson *Le Tord-boyaux* qui date de 1964.

sa lettre de rupture. Mais au dernier moment, il hésite et la remet dans sa poche. Changeant brutalement d'avis, il appelle Hélène et lui laisse un message pour lui dire qu'elle est attendue à l'hôtel Duguesclin à Rennes le soir même.

Repartant en chemin, Pierre fait son introspection : « Qu'est-ce qui m'a pris ? J'ai vraiment eu envie de te quitter ? Je t'aime. » Joyeux hasard, il croise sur la route un mariage. On est, à n'en pas douter, dans le domaine de l'onirisme, car on imagine mal un repas de mariage commencer au petit matin. Mais cette vision a donné une idée à Pierre qui, au bout de la fatigue, se répète des phrases qui n'ont pas toujours de sens, mais qui traduisent son état d'esprit : « Se marier. Tout de suite. Tout de suite. Mariage. Mariage. » Mais pour quoi faire ? Pour partir avec Hélène, loin de la France. Il imagine une lettre à un client : « Je ne peux donner suite à votre projet, car je pars pour une terre lointaine. Travailler en Tunisie. » C'est le triomphe d'Hélène. Non seulement elle a récupéré son amant, mais en plus ce dernier cède et accepte de partir avec elle.

Cette lettre de rupture que Pierre aurait dû jeter restera dans sa poche au moment de l'accident. Elle sera même récupérée par un motard qui la rapportera à l'hôpital où Catherine (Lea Massari) et le père de Pierre vont y arriver avant Hélène. Dans son inconscience, Pierre s'était dit : « Si je m'étais tué, on aurait trouvé la lettre, on l'aurait donnée à Hélène. Il faut absolument que je la déchire. » Juste avant de mourir, Pierre va encore y penser : « D'abord brûler la lettre. Brûler la lettre pour ne pas vivre seul. »

C'est finalement une infirmière qui remet la lettre non pas à Hélène, qui arrivera plus tard, mais à Catherine.

Elle l'ouvre et la lit. Mais quand elle voit Hélène arriver en courant, elle la déchire. Elle ne pouvait connaître la volonté de Pierre de se marier finalement avec Hélène. Dès lors, pourquoi la déchirer alors qu'une lettre de rupture, même fausse, aurait pu permettre à Hélène de faire plus rapidement son deuil ? Mais ce geste est présenté dans le film davantage comme un geste de pitié à l'égard d'Hélène. Son ambiguïté est précieuse. Elle ouvre droit à toutes les suppositions.

La lettre de rupture de David (Sami Frey) avec Rosalie (Romy Schneider) n'est pas dénuée d'ambiguïté également, tout comme le personnage. Pour aller vivre avec David, Rosalie a quitté César après que ce dernier a menti éhontément sur leur situation. Le couple s'installe pour quelques semaines à Sète, où Rosalie va vivre avec lui une période de bonheur. Mais César (Yves Montand) ne s'avoue jamais vaincu. Il descend à Sète avec sa nouvelle voiture et son entrain, sa gaieté, sa bonne humeur lui permettent de reconquérir Rosalie. David s'en rend compte, avec le même regard qui sera le sien à la fin du film, lors du retour de Rosalie. Lorsque Rosalie rentre dans leur chambre de Sète, David est parti. Une lettre trône sur le bureau. Sur l'enveloppe, on peut lire « Rosalie ». Mais la lettre est vide. Était-il utile d'écrire quelque chose ? La symbolique est suffisamment forte.

Rosalie va répondre à cette absence de courrier de la plus belle des manières par ce qui est, à n'en pas douter, l'une des plus belles lettres de l'histoire du cinéma, lue par Romy Schneider, sur une sublime musique de Philippe Sarde. Une phrase, d'une stupéfiante beauté littéraire, résume parfaitement les ambivalences de sa relation avec David : « David, César sera toujours

César, et toi, tu seras toujours David, qui m'emmène sans m'emporter, qui me tient sans me prendre et qui m'aime sans me vouloir... »

C'est également par une lettre que Romy Schneider, alias Marie dans *Une histoire simple*, va annoncer à Serge (Claude Brasseur) qu'elle le quitte. Elle lui annonce aussi qu'elle vient d'avorter, avec une grande violence : « Cet enfant était devenu comme un silence entre nous, Serge, alors je me suis défaite de lui comme je me défais de toi. »

Face à ces mots terribles, d'une puissance incroyable, digne d'un immense écrivain qu'est Dabadie, il est temps de retrouver de la légèreté et de prendre un registre plus burlesque.

La lettre de rupture de Pierre (Thierry Lhermitte) avec sa femme, Hildegarde, dans *Clara et les chics types* est hilarante : « Je ne t'avais jamais autant aimé que cette nuit-là, mais, tu vas rire, je te quitte. » Heureusement, un de ses amis lui dit : « Enlève "Tu vas rire" ! »

Ruptures burlesques

Dabadie n'est pas en reste dans ses sketchs pour évoquer les ruptures. Dans *Rompez*, écrit pour Guy Bedos et Sophie Daumier, il effectue un concours des phrases les plus absurdes :

« Ah, une petite devinette... Qui est-ce qui a deux jambes, un nez, cinq enfants et qui va se retrouver sur le carreau ? C'est TOI... Tu la connaissais ? » De même : « Si votre femme vous dit : "Qu'est-ce qu'on fait aujourd'hui, Raphaël ?", ne vous jetez pas sur l'occasion pour répondre : "Ché pas, si on divorçait ?" »

De même : « Attention les yeux, pile, je reste, face je m'en vais... Hop. Pile ! On recommence. Hop ! Face. Manque de bol, adieu Paul et sans rancune ! » Enfin, on ne résiste pas au magnifique : « Écoute. Séparons-nous une vingtaine d'années et après on y verra plus clair. D'accord ? Qu'est-ce que j'ai dit encore ? »

Dans son sketch « Adieu Berthe », écrit pour Hubert Deschamps, Dabadie se fait plus lyrique, mais tout aussi irrésistible : « Roméo et Juliette aussi ont dû arrêter les frais et ils n'en sont pas morts [*sic*]. Bon... Et Titus ? Hein ? Il n'a pas largué Bérénice, Titus ? Et ta sœur, qui aurait cru qu'elle partirait d'avec Maurice ? »

Enfin, dans sa lettre au Père Noël, sketch écrit pour Guy Bedos, il n'hésitera pas à se montrer menaçant : « Puisqu'elle m'a quitté le jour de mes 40 ans, et qu'elle est partie avec ce type insupportable et sa grosse voiture italienne pour passer Noël à la neige, apporte-moi une petite plaque de verglas ou un petit platane, ou les deux si tu peux, cher Papa Noël. »

Il n'est pas possible de conclure ces éléments sans évoquer la tentative de liaison et la rupture tout aussi baroque entre Marthe (Danièle Delorme), la femme d'Étienne, et Lucien Raki (Christophe Bourseiller), ami des deux filles du couple d'*Un éléphant ça trompe énormément*. Évidemment, pour les années 1970, cette histoire est très étonnante, ce que Marthe ne manque pas de souligner : « Vous avez 17 ans, j'ai 41 ans, pauvre imbécile », ce à quoi Lucien répond « Oui, mais vous savez, la société... ». Marthe rétorque : « Je suis mariée, j'ai des enfants, cela va vous paraître peut-être conventionnel », mais Lucien a réponse à tout – « Bah ça je dois dire ».

Lucien est tombé follement amoureux de Marthe, car il aime ses seins, « enfin, surtout le gauche », depuis qu'il les a vus dans l'embrasure de la porte de la chambre. Sa décision est prise : « Oui, je ne veux plus vivre sans eux, c'est décidé. » D'ailleurs, lorsque Lucien rejoint Marthe qui répond au téléphone à Étienne, il pose la main sur son sein gauche, ce qui lui vaut une remarque furieuse à voix basse : « Lucien, je vais crier ». Mais ce dernier ne se démonte pas : « Moi aussi et c'est vous qui serez la plus gênée. »

Lucien a tout prévu et a prévenu ses parents : « Je leur ai dit que j'allais me marier avec une femme mariée. » Évidemment, la réponse est sans surprise : « Ils ne veulent pas voir les choses en face, mais nous nous passerons de leur consentement. » Lucien est méthodique. D'abord il envoie quatorze lettres d'amour à Marthe pour être certain qu'aucune d'entre elles ne se perde – on peut d'ailleurs s'étonner que le très soupçonneux Étienne ne les ait jamais trouvées. Ensuite, il décide d'arrêter de fumer (« Il paraît que ça empêche de bronzer »), car il a « décidé de [s]'occuper de [s]on corps ».

Marthe découvre quelques jours plus tard Lucien devant son appartement. Il veut savoir si elle est vaccinée, car « [s'ils veulent] aller au Mexique avec les amis du Louvre, il faut être piqué contre la variole ». Il porte sous le bras une paire de skis qu'il « compte vendre à un camarade » : « Cela nous fera un peu plus d'argent [pour le voyage]. » Dabadie est à son meilleur niveau dans cette scène loufoque dont il raffole. Alors que Marthe répond « C'est vous qui êtes complètement piqué », l'intéressé rétorque avec son ton inimitable : « Sincèrement, c'est pas fin le coup de "Est-ce que vous êtes piqué", "Non c'est vous qui êtes piqué". Qu'est-ce que vous devez être malheureuse pour en arriver là ? »

Lucien est tenace. Alors qu'il sait grâce aux filles du couple qu'Étienne n'est pas à Paris cette nuit-là, il vient en pleine nuit sonner avec insistance à la porte de la famille Dorsay. Marthe, qui vient d'être réveillée par un appel d'Étienne, se précipite à la porte et découvre Lucien, qui lui annonce : « C'est le moment ou jamais mon amour. » Marthe n'en peut plus, elle lui demande avec insistance de la laisser tranquille. Contre toute attente, Lucien accepte finalement de céder, avec une emphase toute littéraire : « Bon, je vais vous décevoir, mais je vous le dis franchement, je n'aurai pas la ténacité de Frédéric Moreau dans *L'Éducation sentimentale*. Je vais être dur, je vais être très dur, car je sais que ce n'est pas drôle d'être plaquée à 40 ans, mais vous pouvez tirer un trait sur Lucien Raki. » « Vous m'aurez fait vibrer. » Marthe est soulagée.

Mais parce que le personnage de Lucien est incroyable, il enchaîne aussitôt sur une question incongrue : « Êtes-vous pour ou contre l'interdiction des voies sur berge aux véhicules de plus de cinq tonnes ? » Marthe est interloquée. Mais Lucien a, une fois de plus, réponse à tout : « Je fais une enquête pour un institut de sondage pour gagner un peu d'argent alors tant qu'à m'être dérangé… »

3

De beaux portraits de femmes

Femmes, je vous aime est sans doute l'une des plus belles chansons écrites par Jean-Loup Dabadie pour Julien Clerc. Elle témoigne de la fascination que le poète éprouve depuis toujours pour le beau sexe. Sa définition est d'ailleurs très équilibrée et sans romantisme : « Quelquefois si douces... Quelquefois si dures... je n'en connais pas de faciles, je n'en connais que de fragiles et difficiles. »

Ma préférence, une autre chanson, écrite également pour Julien Clerc, essaie de percer davantage le mystère de la femme amoureuse et cette forme d'incompréhension qu'elle peut susciter. Auprès de la gent masculine uniquement ? Pas vraiment ! Les femmes sont souvent plus dures entre elles :

Cet air d'indifférence qui est
Sa défense
Vous fait souvent offense

Le poète, lui, a compris les femmes. D'une part :

Je sais sa défaillance

Mais surtout :

Moi seul, je sais quand elle froid,
Ses regards
Ne regardent que moi

Dabadie n'est donc pas dans l'admiration béate et passionnée. En peintre exquis de l'âme humaine, il semble davantage éprouver la satisfaction d'avoir enfin un partenaire à sa hauteur, suffisamment complexe pour être intéressant et permettre un ardent combat.

Dans les films écrits par Dabadie, les femmes tiennent un rôle clé. Quand elles n'ont pas le premier rôle comme Marie (Romy Schneider) pour *Une histoire simple* ou Rosalie (Romy Schneider) dans *César et Rosalie*, voire Hélène (encore Romy Schneider !) dans *Les Choses de la vie*, les femmes ont un rôle fondamental dans l'intrigue, que ce soit Lucie (Marie Dubois), Catherine (Stéphane Audran), ou Marie (Ludmila Mikaël) dans *Vincent, François, Paul et les autres*, voire Marthe (Danièle Delorme) dans *Un éléphant ça trompe énormément* et *Nous irons tous au paradis*.

On mesure mieux d'ailleurs ce que Dabadie pense des femmes, quand on compare, en miroir, la façon dont il décrit les hommes, dont la plupart sont faibles, veules, lâches voire falots.

« Quelquefois si dures... Je n'en connais pas de faciles »

La femme, chez Dabadie, a toujours une très forte personnalité. Elle ne s'en laisse pas conter. Elle peut facilement être furieuse et glaciale. Elle est opiniâtre et déteste être manipulée.

Les exemples abondent. Prenons l'exemple de Rosalie (Romy Schneider). Tout le monde s'imagine que César (Yves Montand) le hâbleur domine la frêle

Rosalie. Quelle erreur ! Quand David (Sami Frey) lui demande, vaguement méprisant, si César, qui est en train de massacrer vocalement le cinquième concerto brandebourgeois de Bach, « en connaît beaucoup des comme ça », Rosalie lui répond : « Non, seulement celui-là. Il l'a appris par cœur... Pour moi. » De même, qui s'imagine César prenant des décisions le concernant en matière d'habillement ? Le jour du mariage de la mère de Rosalie, il se sent obligé de répondre au téléphone à sa maîtresse qu'il a mis « [sa] cravate noire, avec [ses] chaussures noires et la languette. Comme [elle lui a] dit ». Un peu plus tard, alors que César vient de se vanter en donnant le prix des chaussures qu'il a achetées, Rosalie le coupe brutalement : « Tu aurais dû laisser le prix dessus », et elle enchaîne avec « Mais avec du bleu marine, on ne met pas des chaussures jaunes ». César a compris et file en changer.

La rupture entre César et Rosalie est très violente, mais elle montre Rosalie à l'acmé de sa personnalité. Au comble de la fureur, elle lui crie : « Mais je ne t'appartiens pas ! Tu ne m'as pas achetée ! Tu n'as pas de droits sur moi. Personne n'en a aucun. Personne. » Cette phrase est essentielle pour comprendre la personnalité de Rosalie. Elle éclaire et permet de comprendre la suite du film, y compris la rupture avec les deux hommes de sa vie, qu'elle sacrifie sans hésiter au profit de sa liberté. Rosalie est l'archétype de la femme libre, ce qui est très moderne pour 1973. Certes, la révolution sexuelle est passée par là, mais rares sont encore les femmes à revendiquer à ce point leur liberté à l'égard des hommes. La forte personnalité de Rosalie le permet.

Lorsque Rosalie va chercher César au port de Noirmoutier après que ce dernier a amené David avec lui, elle a déjà compris sa manœuvre et se montre glaciale : « Tu t'attends à quoi César, tu veux quoi ? » Elle subodore la volonté de César d'essayer de l'enfermer pour qu'elle ne parte pas : « Ah c'est ça, avec David et avec César, en même temps. » D'ailleurs, elle le dira à David le lendemain : « Il veut que j'aie de la peine, que j'aie pitié. C'est son jeu. Mais ça non, plus maintenant. » De toute façon, sa décision est prise. Elle va partir sans laisser d'adresse et quasiment de nouvelles. « Par Marité, à qui elle écrivit, David eut deux fois de ses nouvelles. César en eut par David. Puis elle n'écrivit plus à personne. » Une maîtresse femme…

Hélène (Romy Schneider), dans *Les Choses de la vie*, ressemble beaucoup à Rosalie. La femme, très amoureuse de Pierre (Michel Piccoli), peut se montrer sèche et coupante. Elle ne supporte pas les ratiocinations de Pierre s'agissant de leur départ en Tunisie, auquel elle attache la plus grande importance. En effet, elle voit bien que la séparation de Pierre avec son ex-femme, Catherine (Lea Massari), n'est pas si franche, et qu'il n'est pas hostile à conserver des relations suivies avec elle. D'ailleurs, leur propre rencontre, dans une salle des ventes, a un côté vaguement dragueur opportuniste. Hélène se méfie. Elle n'hésite pas à dire ses quatre vérités à Pierre : « On partira jamais » et elle quitte le restaurant.

Le soir, Hélène fera une scène à Pierre, qui l'a superbement ignorée tout au long de la soirée chez ses parents : « Tu veux qu'on se quitte ? Je t'ai fait cela il y a un an, cette tête, ces silences, parce que tu avais passé la soirée avec une femme. » Son diagnostic au sujet de Pierre est très juste et sans aucune concession : « Tu m'aimes parce que je suis là, mais s'il faut traverser la rue pour me rejoindre, tu es perdu. T'es comme un vieux. » Hélène sait se montrer glaciale et insoumise, comme Rosalie. En tout cas, elle ne veut pas se laisser dominer par Pierre. Elle assume son indépendance et ne veut en aucun cas dépendre de lui.

Marie (Romy Schneider), dans *Une histoire simple*[1], n'a pas la forte personnalité d'Hélène et de Rosalie. Mais elle n'en est pas moins déterminée lorsque les événements l'imposent. Elle le démontre en avortant sans hésiter, car elle veut rompre avec Serge (Claude Brasseur), avec qui cet enfant a été conçu. Et elle n'hésite pas à lui dire en toute franchise : « Il faut que tu comprennes que je n'ai plus envie que l'on vive ensemble. » Ayant renoué avec Georges (Bruno Cremer), son ancien mari, elle essaie de sauver la carrière de son ami Jérôme (Roger Pigaut) et elle parvient avec beaucoup d'opiniâtreté à convaincre Georges de lui donner une seconde chance professionnelle au sein de leur entreprise en crise. Ce dernier finit par accepter, mais l'essai n'est pas concluant et Jérôme va être renvoyé. Marie devient cinglante avec Georges : « Un type comme lui, ce n'est plus rentable, c'est ça ? Tout le monde doit avoir sa chance, c'est bien ce que tu disais ? »

De surcroît, les personnages féminins de Dabadie ne fuient pas devant leurs responsabilités et ne montrent

1. Dabadie a mené une véritable enquête journalistique sur ce film et a rencontré de nombreuses militantes féministes comme Benoîte Groult ou Françoise Giroud.

aucune lâcheté. « Quelquefois si dure ? » ou plutôt si réaliste ?

Le personnage de Marthe (Danièle Delorme) connaît ainsi une évolution très intéressante entre *Un éléphant ça trompe énormément* et *Nous irons tous au paradis*. La Marthe d'*Un éléphant ça trompe énormément* est une personnalité un peu fofolle, qui a repris des études à 41 ans, qui va plancher rue Saint-Jacques, à la fac avec les profs, obligeant son mari le soir à « enjamber des barbus qui potassent sur le tapis ». La Marthe de *Nous irons tous au paradis* a changé. Si l'intrigue essaie de nous faire croire qu'elle a un amant avant de découvrir que ce n'était qu'une pièce de théâtre, le spectateur n'est pas si étonné de voir, ultime rebondissement, qu'elle avait bien un amant, qu'elle va traiter d'ailleurs avec un total détachement. Dans *Un éléphant ça trompe énormément*, Marthe est une femme fragile : « Je te préviens Étienne, s'il devait nous arriver quelque chose, je n'aurai aucune classe... », « Il faut que tu me protèges, Étienne, j'ai l'air comme ça, très... mais enfin, tu sais bien, je suis... enfin, pas pour tout. » Les mots qu'elle ne prononce pas ont une signification encore plus forte. Dans *Nous irons tous au paradis*, elle est presque cynique et n'a pas davantage de remords à tromper son mari qu'Étienne à rechercher des conquêtes de passage.

Dabadie n'hésite pas à montrer des femmes comme les égales des hommes quand elles ne leur sont pas supérieures, en raison de leur intelligence, leur courage et leur volonté. Cela semble laisser bien peu de place aux sentiments ! Heureusement, Dabadie dressera un portrait aussi saisissant que magnifique de femmes amoureuses.

« Quelquefois si douces... Je n'en connais que de fragiles »

Julia (Antonella Lualdi), femme de Paul (Serge Reggiani) dans *Vincent, François, Paul et les autres* est un permanent soutien et un pôle de stabilité pour son mari. On la voit se lever un matin, vaguement inquiète pour découvrir que Paul s'est endormi sur sa machine à écrire, incapable de poursuivre son livre. Elle ne prononce aucun mot dans la scène. Mais son attitude, sa gestuelle montrent une attention, un dévouement et surtout une attitude amoureuse d'une incroyable force à l'égard de son mari. Lors de la promenade en forêt, Paul, le fort en gueule, veut démontrer que la planche qui enjambe un ruisseau n'est pas pourrie et décide imprudemment de sauter dessus en guise de test. Évidemment, la planche se brise et Paul se retrouve dans l'eau. Julia est affolée, se demande si son mari s'est fait mal et s'efforce de lui trouver un manteau pour le réchauffer. Elle agit presque comme une mère de famille face à son garnement. Mais cet incident a affecté le moral de Paul : « J'en loupe pas une, moi, c'est terrible. Je suis vraiment le dernier des... » Elle le coupe immédiatement, l'embrasse et lui dit un « Non, je t'aime », tout en simplicité, mais surtout en sincérité.

Malgré leur séparation, Catherine (Stéphane Audran), l'ancienne femme de Vincent (Yves Montand), demeure toujours quelque peu amoureuse de lui. Elle demande à son nouvel amant de partir quand Vincent, perdu dans ses problèmes financiers, l'appelle à l'aide en pleine nuit. Pudiquement, quand totalement absorbé par ses problèmes, il lui demande si elle était seule, Catherine répond avec douceur : « Non. Mais maintenant oui. » Elle comprend qu'il a bu, mais elle veut surtout savoir pourquoi Vincent est là. La nouvelle des difficultés financières de Vincent l'inquiète et surtout la surprend. Sa réponse « Mais tu ne peux pas les trouver, toi ? » montre qu'elle a conservé de l'estime et de l'admiration pour Vincent. C'est elle qui trouve une solution en convoquant son père pour l'aider financièrement. Catherine est resplendissante quand Vincent l'invite quelque temps plus tard dans un pub des Champs-Élysées. Elle marque une surprise teintée d'inquiétude quand elle apprend que Vincent a vendu son entreprise. Elle essaie de lui faire comprendre avec une grande douceur que leur histoire est finie, ce qui n'empêche pas les sentiments. Catherine n'est pas démonstratrice. Elle agit. Lorsque Vincent aura son accident cardiaque, on apprendra qu'elle vient le voir immédiatement à l'hôpital et retarde son départ de France pour veiller sur lui et hâter sa convalescence.

Dabadie a construit dans *Les Choses de la vie* un magnifique portrait de femme amoureuse avec Hélène (Romy Schneider) qui se voit davantage dans les regards que dans les expressions, sont souvent teintées d'autodérision : « Pourquoi tu m'aimes ? Parce que tu es vieille et laide ! », ou « Après je serai saoule toute la journée », « Je vois rien sans [mes lunettes] ». Malgré la crise qu'Hélène et Pierre traversent, elle demeure amoureuse et n'hésite pas à dire à sa mère : « J'ai des comptes à lui rendre ! Je lui dis tout. » Enfin, il suffit de voir le visage radieux d'Hélène lorsqu'elle reçoit le télégramme qui lui apprend que Pierre l'attend impatiemment à l'hôtel Duguesclin à Rennes. Elle se met en route avec enthousiasme, jusqu'au moment où elle découvrira au bord de la route la carcasse accidentée de la voiture de son amant.

Marie (Romy Schneider), dans *Une histoire simple*, ne peut se résumer à la femme qui rompt avec Serge (Claude Brasseur) puis avec Georges (Bruno Cremer), qui avorte de l'enfant qu'elle a eu avec Serge et garde celui qu'elle a eu avec Georges. Elle est aussi une femme amoureuse et n'hésite pas à le dire à Serge, alors même que ce dernier vient de la violenter dans la rue. Lorsqu'il assène « Au fond, tu ne m'as jamais aimé, c'est normal », ce à quoi elle répond avec douceur : « Tu te trompes. Je t'ai aimé... j'aimerais avoir ta force de vie en toi. »

Rosalie (Romy Schneider) est aussi une femme amoureuse qui a suscité un intense débat entre Dabadie et Sautet. Le premier a pris Rosalie en grippe, car elle ne sait pas choisir entre deux hommes que tout oppose, ce qui a pour conséquence de les faire souffrir. Pour Sautet, c'est le contraire, Rosalie ne réussit pas à choisir entre David et César, ce qui lui inspirera une phrase si juste : « Rosalie n'est pas une emmerdeuse, c'est elle qui est emmerdée ! »

Évidemment, elle aime César (Yves Montand) et le film en donne de multiples preuves. Il y a d'abord la scène dans la voiture de retour du mariage, quand César, monstrueusement jaloux, l'interroge sur David (Sami Frey). Ravie de sentir César jaloux, qui mettrait avec plaisir son poing dans la figure à David, elle se penche sur César et l'embrasse au coin des lèvres en lui disant : « Toi, tu es un type, mais alors un sale type je te dis. »

Malgré la nuit passée par Rosalie dans l'atelier de David, il n'y a pas de doutes sur les sentiments de Rosalie à l'égard de César. Elle lui propose, sous la forme d'une plaisanterie, de l'aider financièrement s'il est ruiné : « Marianne m'a demandé de lui refaire son appartement, alors on ne sait jamais... Si un jour tu n'as plus de sous, je pourrai t'aider ! » De même quand David l'interroge pour savoir si elle aime César, sa réponse fuse : « Oui, je l'aime, il est là, il existe César figure-toi. »

La sublime scène du restaurant se termine par une magnifique déclaration d'amour. À l'affirmation – assez idiote – de César « Ne me dis pas que tu ne penses pas à lui », elle répond : « Ce serait difficile, tu m'en parles sans arrêt. Et puis oui, je pense à lui, je ne sais pas s'il est beau ou s'il est... mais je m'en fous. Toi, je ne sais pas pourquoi je t'aime. » César pense avoir marqué un point : « Oui, mais tu m'aimes ! » La réponse de Rosalie est immédiate : « Oui ! » Mais elle rajoute un « Oui » plus lointain, ce qui pousse César à lui dire de façon très juste : « On dirait que ça t'arrange pas. » En effet, on sent Rosalie légèrement interrogative. Toutefois, il ne fait pas de doute que, le soir même, après avoir fait l'amour avec César, elle est totalement sincère quand elle dit à son amant : « Je ferai ce que tu veux » et lui répète par deux fois « Je ne le verrai plus ! » Encore aurait-il été nécessaire que César se montre fin par la suite et n'ait pas le sens de la diplomatie d'un char Panzer...

Lorsque Rosalie part s'installer à Sète avec David, une scène particulièrement troublante du film aura lieu dans leur chambre. Rosalie, nue sur un lit, regarde David, qui dessine sur une petite table et déchire ses œuvres en lui disant sur le ton de la plaisanterie : « Tu me troubles. » Mais est-ce une plaisanterie quand cette dernière lui fait une incroyable déclaration d'amour qui remue le spectateur jusqu'au fond de son âme ? « On est bien. J'ai envie de vivre longtemps. Très longtemps, aussi vieille que mes enfants. » David est surpris : « Tes enfants, tu en as d'autres ? » « Non, mais j'en voudrais d'autres. Beaucoup. »

Quand on connaît le destin de Romy Schneider, l'importance du prénom David dans sa vie, celui de son fils tragiquement disparu et de sa propre mort à 43 ans, on ne peut qu'être glacé par cette scène si belle, mais si triste.

Enfin, à Noirmoutier, malgré sa froideur, Rosalie est encore capable d'une grande tendresse avec César lorsqu'il revient au petit matin après avoir renoncé à aller à Poitiers. Elle se moque même gentiment et affectueusement de lui lorsque César demande si personne n'a téléphoné pour lui – le portable n'existait pas encore ! « La nuit ? répond-elle. Non. »

Si Rosalie est « emmerdée », c'est aussi parce qu'elle se rend compte qu'elle aime toujours David. Est-ce parce qu'il est l'exact opposé de César, c'est-à-dire un artiste, intellectuel, discret et délicat ? Rosalie le sait-elle elle-même ?

Lorsque César rejoint Rosalie et David à Sète, cette dernière est interloquée. Puis le charme de César agit. David est trop introverti. Il est renversé par le charisme de César et il décide de fuir. Rosalie est dévastée et écrira à David l'une des plus belles lettres de l'histoire du cinéma depuis la maison de Noirmoutier que César lui a achetée. Cette lettre montre bien le désarroi de Rosalie : « J'entends toute la famille qui rit en bas et si je t'écris que je suis triste, c'est malhonnête et je le sais », « J'ai acheté deux robes, une petite bleue et une petite blanche au marché du matin [...] Pour les robes ce n'est pas vrai, je n'ai rien acheté, mais je dirais n'importe quoi pour te parler de moi. »

Mais l'ambiguïté demeure : lorsque David arrive à Noirmoutier, il passe la nuit avec Rosalie puisque César est parti pour un rendez-vous à Poitiers. Le dialogue qui s'ensuit est la quintessence de ce curieux ménage à trois. David demande à Rosalie si elle l'aime. La réponse est nette : « Oui. » Mais David a compris : « Mais si tu n'aimais pas César, tu ne serais pas dans cette maison », ce qui résume fort bien en effet l'attitude de Rosalie. Cette dernière est fine mouche et elle a parfaitement compris l'amitié qui est en train de grandir entre les deux hommes. Même si sa réponse à David est prononcée d'une façon très douce, elle n'en est pas moins accablante et elle explique la fuite de Rosalie, quelques jours plus tard : « Et toi, si tu ne l'aimais pas, tu crois que tu serais là ? » Parce qu'elle n'a pu trancher entre ces deux hommes, qui ont fini par s'entendre, Rosalie va finalement choisir de suivre son destin : sa liberté. C'est d'ailleurs au nom de cette liberté que plusieurs mois plus tard, Rosalie reviendra, pour César. Le regard que David jette à son ami lorsque les deux hommes, stupéfaits par cette apparition, voient entrer Rosalie dans le jardin de César, ne laisse aucun doute. Il « laisse » Rosalie à César. Pour combien de temps ?

4

De durs portraits d'hommes

Dabadie a-t-il un problème avec les hommes ? En séducteur, amoureux des femmes, pourquoi s'est-il employé avec une opiniâtreté et un tel talent à rendre ridicules et pitoyables ses personnages masculins ?

S'il est peut-être vain d'essayer de comprendre les raisons cachées ou non de l'auteur de critiquer les hommes, force est de constater que ses personnages masculins se caractérisent davantage par leurs défauts que par leurs qualités. En définitive, la seule qu'il leur reconnaît à tous est celle du sens de l'amitié. Nous l'avons abordé dans un chapitre.

En cherchant bien, les seuls personnages de Dabadie dont le comportement est impeccable demeurent Jean (Gérard Depardieu), dans *Vincent, François, Paul et les autres*, et François (Jean Bouise), l'ami de Pierre Bérard dans *Les Choses de la vie*. S'ils sont des personnages secondaires, il est néanmoins difficile de leur trouver un défaut, leur principale qualité résidant dans leur fidélité absolue, respectivement à Vincent et à Pierre.

Pour le reste, les hommes décrits par Dabadie sont arrogants, menteurs, machos, coureurs, lâches, dépressifs, parfois alcooliques... Fermez le ban ! Aussi le héros de *L'Italien*, chanson écrite pour Reggiani, ose dire à son ancienne femme :

Ouvre-moi sans rancune
Dix-huit ans de retard, je sais
Mais j'ai trouvé mes allumettes
Dans une rue du Massachusetts.

Pour autant, cet homme volage demeure lucide :

Il ne me reste qu'une chance
C'est que tu n'aies pas eu ta chance
Mais ce n'est plus le même chien
Et la lumière s'éteint.

Alcooliques

L'alcool est moins présent que la cigarette dans les films écrits par Dabadie[1], mais certains des héros s'y adonnent pour autant joyeusement. Ainsi, Paul (Serge Reggiani) dans *Vincent, François, Paul et les autres*, écrivain, victime du syndrome de la page blanche, se réfugie régulièrement dans la boisson. Lors de l'inauguration du bar où les héros du film se retrouvent régulièrement, Paul entreprend de se saouler consciencieusement. À la fin de la soirée, il faut l'emmener quasiment de force dans sa voiture, conduite heureusement par sa femme, Julia, présentée comme « douce, habituée, philosophe ». Il faut que Vincent s'échine pour faire rentrer Paul dans l'habitacle : « Attention à la tête... Attention à la jambe... attention à ton bras ! »

1. Un critique a pu écrire que regarder un film de Sautet équivalait à de la tabagie passive !

Serge (Claude Brasseur), dans *Une histoire simple*, est tout aussi porté sur la boisson. Lorsqu'il retrouve Marie dans un café près de son travail en fin de matinée, il va boire en quelques minutes sept pastis. Difficile après cela de tenir une conversation sérieuse, surtout quand Marie veut lui annoncer leur rupture. L'alcool est un refuge face à son échec professionnel comme dans la vie. Lorsqu'il cherche à découvrir pour qui Marie l'a quitté, il la guette un soir depuis un café. Naturellement il est ivre quand son ex-compagne rentre chez elle, et il l'agresse physiquement.

Incultes

Dabadie adore jouer au chamboule-tout avec ses personnages masculins et il se régale de l'inculture de César (Yves Montand) dans *César et Rosalie*. On voit ainsi ce dernier à l'occasion du remariage de la mère de Rosalie reconnaître le *Cinquième concerto brandebourgeois* – « Hé hé hé, c'est mon Bach ça » –, et l'entonner avec enthousiasme, n'hésitant pas à interrompre ses condisciples pour leur dire : « Faut doubler » – c'est-à-dire chanter deux fois la même note.

Lorsque César va chez Antoine (Umberto Orsini), au cours de sa nuit d'errance pour retrouver Rosalie, il ne peut s'empêcher d'évoquer sa peinture, mais en des termes qui démontrent clairement ses limites culturelles : « Et ton boulot, ça va ? C'est très bien tu sais, c'est vrai, c'est très gai... hé, hé, hé, je suis pas un spécialiste moi, je sais pas je trouve ça très vivant. Ça détend, quoi. »

En rapportant un tableau d'Antoine à Rosalie, qui en est très heureuse, il ne peut s'empêcher de parler d'argent « Trente mille. Oui je lui ai donné trois billets de dix mille[1]. Il était content, tu sais, oui. Pauvre vieux. » Rosalie va évidemment réagir devant cette énormité, avec une douceur exemplaire « Un tableau d'Antoine, ça se vend pas ou ça se vend beaucoup plus cher. Tu comprends ça ? » César est décontenancé. Il essaie de se défendre mollement : « Il m'a pas dit ça. » Mais il a compris : « Oui évidemment, c'est beaucoup plus cher, que je suis bête... cent, cent cinquante, deux cent mille[2] ? » Il décide de lui faire un chèque. Mais cette fois, il va parler en nouveaux francs : « Hééééé, je suis pas un expert, moi, deux mille... dis donc s'il en vend cinq dans le mois, ton Antoine, il est millionnaire. »

Avec gourmandise, Dabadie continue à ridiculiser César. Lorsqu'il demande à Rosalie le métier de David – il est auteur de bandes dessinées –, son commentaire est fulgurant : « Ah oui, des *comics*[3]. Encore un peintre alors... » À la lecture desdites bandes dessinées, sa réaction n'est pas vraiment à la hauteur : « Non, c'est pas mal, c'est pas mal. Non dans son machin, il est fort. Je peux quand même pas me mettre à peindre moi aussi ? » Enfin, lors de la superbe scène du dîner, César essaie d'avoir une référence culturelle, qui tombe complètement à plat, en assénant à Rosalie au sujet de David : « Alors, intelligent ? C'est pas Marcel Proust,

1. César, comme beaucoup de quinquagénaires dans les années 1970, parle régulièrement en anciens francs. Il a donné trois billets de 100 francs à Antoine, soit environ 45 euros.

2. Il s'agit là encore d'anciens francs.

3. Ce qui, même pour les années 1970, est totalement suranné...

excuse-moi. » Le sourire de Rosalie et sa réponse (« Je t'excuse ») suffisent à montrer l'absurdité totale de la remarque de César.

Arrogants

L'arrogance est présente chez la plupart des personnages de Dabadie. Elle est la principale caractéristique de François (Michel Piccoli) dans *Vincent, François, Paul et les autres* et s'incarne dans son métier de médecin. François a une pratique de la médecine autoritaire, non communicative et vaguement méprisante. Ses relations avec ses patients se résument au strict minimum et surtout sans aucune empathie. Dans ses liens avec ses amis, François est tout aussi donneur de leçons, que ce soit à l'égard de Jean (Gérard Depardieu), qu'il invite à boxer sans aucune considération pour la dimension de son adversaire, ou de Paul (Serge Reggiani), qu'il aime torturer pour son inconstance et sa pusillanimité.

César (Yves Montand) n'est pas en reste pour l'arrogance. Elle se traduit au premier titre par une relation quasi pathologique à l'argent. Sa réplique à David (Sami Frey) quand il lui propose de s'installer en France est symbolique : « Tes dessins animés, tu peux très bien les faire ici, si eux t'envoient de l'argent de là-bas. » De même, il n'hésite pas à demander à Rosalie : « Elle va te payer pour cela ? » quand Rosalie annonce qu'elle va redessiner l'appartement d'une de ses connaissances. L'argent est d'abord pour César un signe de reconnaissance sociale et un outil qu'il utilise sans aucun complexe à son profit, ce qui fait de lui un parfait parvenu. Lors de la scène du restaurant, quand Rosalie lui dit qu'elle aime cet endroit, César va montrer une nouvelle fois son côté parvenu et cette attirance pour l'argent : « Je peux te l'acheter si tu veux, le bar, la pharmacie, le petit fleuriste si ça te plaît. Je fais pas des petits dessins dans les coins, moi, je gagne de l'argent... de l'argent », et il fait un geste très mafieux en claquant dans ses doigts[1]. De même, un peu plus tôt, il n'hésite pas à dire à Antoine (Umberto Orsini), dont il voit bien qu'il ne roule pas sur l'or, qu'il a acheté la maison où Rosalie passait ses vacances enfant, à Noirmoutier. César a besoin de « frimer » et de montrer qu'il a réussi.

L'arrogance de César ne se limite pas à l'argent. Elle est même intrinsèque à son personnage. Tout dans son attitude le démontre. Ses relations avec ses frères sont à ce titre étonnantes : les remarques désagréables ne cessent de pleuvoir avant d'assister au mariage de la mère de Rosalie : « Tu t'es rasé avec quoi ce matin ? » « Boutonne-toi ! » Et quand César envoie sa voiture dans le fossé à la suite de son imprudence, il ne trouve rien de mieux que de reporter sa colère sur eux, alors qu'ils arrivent, affolés : « Mais qu'est-ce que vous êtes venus foutre ici ? Ah tu es propre maintenant. Ah je t'assure tu me fais honte. »

De même, quand l'un de ses frères lui montre la lettre que lui a laissée Rosalie en ayant pris 10 000 francs dans le coffre pour réparer les dégâts de César dans le studio de David, ce dernier, qui n'aime pas Rosalie, ose dire à César : « Elle est partie ? Bonne idée. Ça coûte un peu cher, mais on ne regrettera pas. » La réaction de César est immédiate : il le gifle à toute volée.

1. Auquel Rosalie répond par un cinglant : « Très chic, refais ce geste ! »

Enfin, quand César, en pleine dépression parce qu'il sent que Rosalie lui échappe, appelle ses frères pour leur signaler qu'il n'ira pas à Lyon, ses explications au téléphone sont lapidaires : « Mais parce que je ne peux pas, voilà, c'est tout... Je ne crie pas, je parle ! »

Bouly (Victor Lanoux) est tout aussi fanfaron, mais avec un grand cœur. Lorsqu'il évoque sa nouvelle compagne et ses enfants avec Daniel (Claude Brasseur), il n'hésite pas : « Son mari je l'ai vu que deux fois, il est moins bien que moi, mais il est chef du personnel dans une usine. » Mais Bouly peut aussi être d'une touchante franchise au sujet de sa nouvelle compagne : « Je sais pas ce qu'elle m'a trouvé », s'interroge-t-il, à quoi Daniel rétorque « Peut-être qu'elle a trouvé qu'elle en trouvait pas d'autres ». Mais Bouly n'est pas uniquement arrogant, il a aussi un grand cœur : « Remarque, les enfants, même d'occasion, j'adore ça. » On n'attend pas une pareille réflexion de la part d'un macho qui accumule les conquêtes, et qui a aussi le génie des formules : « Que t'es con, dis donc dans ton métier c'est pas un handicap d'être aussi con ? »

Brutaux

Cette arrogance des hommes peut même conduire à la brutalité, notamment à l'égard des femmes. Au milieu des années 1970, les violences conjugales étaient presque considérées comme normales. Heureusement, les choses vont évoluer. En 1974, le premier secrétariat d'État aux Femmes est créé. L'année suivante, le crime passionnel n'est plus reconnu comme une circonstance atténuante. En 1978, un premier refuge pour femmes battues est ouvert à Clichy. Il faut cependant attendre plus de dix ans avant les premières campagnes sur le viol conjugal et la reconnaissance par la justice un an plus tard du viol entre époux. Pour autant, beaucoup reste encore à faire. En 2021, la France enregistrait 122 féminicides, en augmentation de 20 % par rapport à 2020.

Les exemples abondent dans l'œuvre de Dabadie. C'est Serge (Claude Brasseur), dans *Une histoire simple*, qui attend Marie devant chez elle et qui la frappe parce qu'elle est allée dîner avec Georges (Bruno Cremer) après l'avoir quitté. C'est Bouly (Victor Lanoux) qui détruit tout chez lui quand il se rend compte que Marie-Ange a quitté le domicile conjugal avec les enfants. François (Michel Piccoli), dans *Vincent, François, Paul et les autres,* frappe sa femme parce qu'il ne supporte pas qu'elle le trompe avec des hommes de passage[1]. César (Yves Montand) n'est pas en reste, et on sent une violence permanente chez lui. Lorsqu'il apprend que David a appelé chez Rosalie, il va boxer dans le vide avec une grande violence, au comble de la fureur : « Mais il ne va pas encore continuer à m'emmerder, ce petit con… » Il va même jusqu'à menacer Rosalie d'un couteau quand cette dernière rompt avec lui, avant de la jeter dehors avec force, envoyant même ses affaires par la fenêtre.

Fou de colère, après avoir rompu avec Rosalie, César fait une descente dans le studio de David et s'emploie

1. Une scène, coupée au montage car vraisemblablement trop dérangeante, montre Lucie et François ayant fait l'amour après son accès de violence. Lucie a cette réflexion désabusée : « Et en plus je ne te dégoûte même pas. »

à tout détruire, allant même jusqu'à risquer de mettre le feu. Le témoignage de Michel (Bernard Le Coq) est édifiant : « Il bégayait, il disait qu'il était armé, qu'il allait tuer tout le monde. » Il le reconnaîtra lui-même devant Rosalie et David : « Évidemment, il doit me prendre pour un gangster, lui. Tu sais très bien que ce n'était pas moi. J'étais devenu fou. Je m'en suis rendu compte, hein. » Cette thématique du gangster sera reprise lorsque César vient à l'atelier de David pour le convaincre de venir à Noirmoutier. Il découvre un dessin que David a fait de lui avec un costume à rayures et un panama, ressemblant à s'y méprendre à un voyou du sud de la France : « C'est quoi, un tueur ? Tu me vois comme ça ? » Et naturellement, quand César comprend que David ne veut pas l'accompagner à Noirmoutier, il se jette sur lui brutalement et les deux hommes se battent, jusqu'à ce que César envoie David à travers une vitre, le blessant à cette occasion.

Misogynes[1]

Ces hommes ont de curieuses relations avec les femmes, empreintes d'un machisme que l'on pourrait qualifier d'un autre âge. Celui des années 1970 ? Mais la situation a-t-elle réellement changé ? Bouly (Victor Lanoux) est une caricature en la matière. Dans *Nous irons tous au paradis*, il arrive à parler de Daisy, sa compagne, comme « une femme qu'[il] élève avec ses trois enfants » ! Lorsque César (Yves Montand) débarque au

1. Sautet a ainsi pu déclarer : « En fait mon plaisir, c'est de montrer des misogynes qui prennent une leçon. »

petit matin chez Antoine (Umberto Orsini), le premier mari de Rosalie, pour essayer de la retrouver, en vain, Antoine essaie de lui faire comprendre : « Peut-être que tu lui fais peur et elle est allée se promener... » La réponse de César ne se fait pas attendre : « Je lui fais pas peur. Je la tiens, c'est tout », et il double cette forte phrase d'un geste de la main très possessif. Quant à François (Michel Piccoli) dans *Vincent, François, Paul et les autres*, il ne peut cacher son mépris pour sa femme, Lucie (Marie Dubois), notamment parce qu'elle n'a pas surveillé les enfants qui avaient fait un feu de feuilles mortes qui s'est propagé à la cabane de Paul. « Qui est-ce qui a eu l'idée de faire du feu à deux mètres cinquante de la cabane ? » Lucie répond que c'est elle, et François avec une grande dureté lui dit : « C'est génial », ce qui pousse Lucie à lui dire « J'ai rien prévu, j'ai rien surveillé, j'ai pas fait attention. Et je suis conne voilà ! ».

Le comble du machisme est sans doute atteint par Marcel, frère de César, dans *César et Rosalie*. Lorsque César cherche désespérément Rosalie dans Paris, il s'arrête dans son bar de prédilection quand il croise Nicole, une de ses anciennes maîtresses, avec qui il échange des banalités. Marcel intervient en disant : « Moi, je peux pas dire, j'ai toujours aimé les femmes que tu as eues. Mais alors Nicole, c'était toujours là, jamais d'histoire, on l'entendait pas... tandis que l'autre... »

Séducteurs compulsifs, voire libidineux

Le vrai et bon macho aime conquérir, et la plupart de nos héros ne sont pas en reste, quels que soient leur âge ou leur position sociale. Même le père de Pierre Bérard dans *Les Choses de la vie* est présenté comme un grand séducteur, malgré son âge !

Vincent (Yves Montand) dans *Vincent, François, Paul et les autres* a bien séduit Marie alors qu'il était marié avec Catherine, ce qui a provoqué leur séparation. Jérôme (Roger Pigaut), dans *Une histoire simple*, multiplie les aventures, mais en l'avouant à sa femme. Doit-on évoquer les talents de séducteur de Bouly (Victor Lanoux), dont on entend régulièrement le nom des conquêtes (« Esther et sa sœur Carmen, Blanche-Neige, Jocelyne la pharmacienne »), sans parler des tentatives échouées comme au club de tennis où il interroge un enfant : « Alors Babou, ta maman n'est pas là ? » Le gamin répond : « Non elle ne veut plus venir ! » On devine pourquoi. Bouly est capable de tout. Il emmène Étienne dans le vestiaire des femmes où trois joueuses prennent une douche. Il entre sans frapper tout en disant : « Oh pardon, excusez-moi, je regarde pas ! » Il prétend inspecter une douche du côté du vestiaire des femmes : « C'est ici qu'il y a une douche qui fait du foin ? Oh pardon excusez-moi, en effet ! » Tranquillement installé dans le vestiaire à reluquer les joueuses, il énonce de façon sentencieuse : « Je vais voir ce que je peux faire dans la mesure de mes connaissances, mais je crois qu'il faille appeler un professionnel. » Il se décide enfin à sortir tout en rappelant : « Bon bah vous dérangez pas, madame Migu, je regarde pas ! »

Simon (Guy Bedos), quant à lui, « aim[ait] les femmes ». Il entretient une liaison avec l'épouse de son patron à l'hôpital, Mme Lubéron, puis il se rapproche de Mireille Fayolle, qu'il essaie de présenter à Mouchy

(Marthe Villalonga), avec un échec retentissant. Enfin, il a une aventure avec une certaine Mme Chalamand, qu'il fait venir frauduleusement à l'hôpital au nez et à la barbe de son mari. Et tout cela ne l'empêche pas de se montrer ouvert à d'autres opportunités, notamment lors du mariage de Daniel, où Simon arrive avec deux créatures dont l'une s'appelle Cynthia. Mais, à la question de Bouly « C'est pas son vrai nom ? », il est obligé d'avouer : « Non, c'est Ginette. »

Simon est un garçon compliqué. Lors de la première nuit que les amis passent dans leur maison, Simon (Guy Bedos) et Étienne (Jean Rochefort) partagent la même chambre. Mais l'anxieux Simon, qui est inquiet pour son ami qu'il sait cocu, l'interroge de façon maladroite comme s'il exprimait ses propres fantasmes (« Imaginer sa femme qui se déshabille en regardant dans le fond des yeux un homme nu qui la désire » ; « Ça te fait rire d'imaginer son corps tordu par le plaisir ? »), ce à quoi le placide Étienne répond stoïquement : « Je dis pas que ça me fait rire, mais ça ne m'était pas venu à l'idée. Allez bonsoir Simon », puis « À ton avis, c'est le genre de type qui embrasse des heures avant de quoi que ce soit, ou qui se jette sur elle, déchire ses vêtements, dit des obscénités… » Étienne, qui était resté très calme et passablement surpris par les propos de Simon, est obligé de hurler sur son ami pour lui demander d'arrêter. Ce que ce dernier ne comprend pas.

N'oublions pas le très distingué et bourgeois Étienne (Jean Rochefort), qui est brutalement saisi par le démon de midi dans *Un éléphant ça trompe énormément* alors qu'il est très légitimement marié avec Marthe (Danièle Delorme). Ses scrupules sont maigres : « Sauf à passer pour un innocent, je dois dire que pour la première fois, je me préparais à trahir Marthe... mais au défi d'une société dont je respectais la morale, il me faut reconnaître que la jeune femme en rouge avait embrasé ma conscience. » On peut néanmoins lui reconnaître qu'il ne manque pas d'opiniâtreté pour conquérir Charlotte (Anny Duperey) tant il multiplie les stratagèmes qui échouent systématiquement.

Sa quête effrénée pour retrouver l'amant supposé de Marthe dans *Nous irons tous au paradis* ne l'empêche pas de poursuivre ses entreprises de séduction auprès d'une de ses collaboratrices, Bernadette Lamouret, qui « [lui] avait laissé entendre qu'elle n'était pas hostile à [son] charme austère ». Étienne, malgré toute l'hypocrisie dont il est capable, n'hésite pas un instant.

Lâches

Une caractéristique supplémentaire concerne quasiment tous les personnages masculins de Jean-Loup Dabadie. Ils sont lâches et ont beaucoup de mal à assumer leurs responsabilités.

Pierre Bérard (Michel Piccoli) en est le prototype dans ses relations avec Hélène (Romy Schneider). Il a peur de s'engager avec elle et fait tout ce qu'il peut pour retarder leur départ en Tunisie, à la grande fureur de cette dernière. Pierre cherche d'ailleurs à pousser à bout Hélène pour l'amener à rompre sans avoir besoin d'en assumer la responsabilité. Lors de la dispute avec Hélène, qui s'emporte : « Je suis quoi, moi, une femme qui te fait une scène dans une voiture ? C'est lamentable ! », il reste d'un calme marmoréen, ne répondant pas, ce qui ne fait qu'accroître la fureur d'Hélène. Naturellement, il n'ose pas lui dire en face qu'il entend rompre avec elle, ce dont il est maintenant persuadé. Il va donc préparer une belle lettre. Mais ce n'est pas si facile ! Est-ce la peur de rompre ou l'amour d'Hélène qui le pousse à renoncer ? Sa fin tragique laisse la question sans réponse.

La lâcheté d'Étienne (Jean Rochefort) est quasiment proverbiale, notamment dans ses relations avec Marthe (Danièle Delorme) : il est prêt à tous les stratagèmes pour la tromper, sans néanmoins lui avouer. Mais il est également tout aussi incapable d'avoir une explication claire avec elle quand il soupçonne qu'elle le trompe. La découverte de la fameuse photo montrant Marthe embrassant un homme ne suscite aucune demande d'explication de sa part. Dabadie s'en sort par une très belle formule qu'il prête à Étienne : « Peut-être parce que j'avais peur qu'elle ne me mente pas. »

Lorsque Étienne finit par identifier l'homme à la veste à festons rouges présent sur la photo, il le suit dans le métro : « Le jour où je croyais le tenir, c'était l'amant de ma femme qui me tenait le pouce. Une grande timidité s'emparait de moi à l'instant de lui hurler que Marthe devait choisir entre nous deux. Tout à coup, ma destinée m'apparut comme... absconse. »

Vite abattus

Quand les hommes sont abandonnés par leurs compagnes, ils connaissent aussi des moments de grand abattement. Dabadie l'exprime de façon poignante dans ses chansons. Dans *Le Petit Garçon*, écrit pour Serge Reggiani, Dabadie évoque un père seul avec son fils et que sa femme a quitté.

Il pleut en permanence dans cette chanson : sur la maison, sur le jardin, dans sa mémoire. Il fait froid, c'est l'hiver. Le père essaie de faire du feu, mais il n'y arrive plus. Par trois fois, il va dire à son fils : « Ne pleure pas. » Il s'efforce de jouer avec lui, de lui raconter des histoires, mais sa mémoire lui fait défaut. Il n'a en tête que « des histoires de gens qui s'aiment, et qui jouèrent à la guerre ». La chanson se termine sur un terrible :

Elle n'est plus là
Non, ne pleure pas

Le désespoir affleure tout autant dans sa chanson *Hôtel des voyageurs*, écrite pour Serge Reggiani, même si l'homme essaie de conserver une certaine dignité et du recul. Pour autant :

Le jour se lève sur ta joue
Je te regarde endormie
Comme il fait beau sur toi
Qui ne veut plus être à moi
Ma femme, mon ennemie.

L'homme a en effet parfaitement compris que « comme nos amours, les fleurs du mur ont perdu leur doré ». C'est l'ironie du désespoir qui va triompher :

Ils sont aussi ridicules,
Que nous sous la pendule
Quand je t'ai demandé
De ne pas m'abandonner.

Mais le constat est clinique :

Ce sont nos dernières vacances
Avant l'indifférence.

Il n'y a pas de dialogue à la suite du second départ de Rosalie (Romy Schneider) de Noirmoutier. Mais la voix off – en l'occurrence celle si caractéristique de Michel Piccoli – est encore plus clinique : « César pensait qu'on ne pouvait pas se quitter sans se le dire. C'est pourtant ce qui arriva ». Il subit alors une longue descente aux Enfers : « César au début joua beaucoup aux cartes et gagna beaucoup… Mais peu à peu il abandonna son entreprise à ses frères. Il avait vendu son appartement et s'était installé dans une maison de banlieue. César ne parla plus jamais de Rosalie. »

Mais César (Yves Montand) est un battant et il reprend le dessus : « Ils prirent des trains, ils prirent des avions, un an et quelques mois passèrent. » Lorsque César reçoit David chez lui dans sa nouvelle maison, il a prévu une excursion de quatre ou cinq jours en Écosse pour chasser et pêcher. Il a retrouvé tout son allant et avoue même à David : « Hé hé, je vais te faire rire, tu connais pas la dernière, j'ai failli me marier… et puis au dernier moment, non, non, je suis bien comme je suis. »

La rupture d'avec Serge (Claude Brasseur) dans *Une histoire simple* est tout aussi douloureuse pour ce dernier. Après s'être montré violent avec Marie, provoquant une bagarre avec des passants, Serge a été molesté et son ex-compagne lui propose de le soigner dans son appartement. Il essaie de se rassurer en demandant à Marie pourquoi elle ne lui avait pas dit qu'elle avait renoué avec Georges, son ancien mari, arguant qu'« on ne quitte jamais personne pour personne », ce que Marie dément, à l'instar du spectateur qui sait parfaitement qu'elle avait décidé de quitter

Serge avant de retrouver Georges. Serge va se remettre profondément en cause : « De toute façon, j'étais un perdant. Je l'ai toujours su » ; « Quand j'ai quitté pour dessiner à mon compte, tout ce qui allait arriver, j'aurais pu te le dessiner. » Le ressort de cette ambition est simple : « Marie, tu ne te rends pas compte comment il faut être avec toi ? Moi, je voulais devenir quelqu'un, quelque chose. » On retrouve exactement la même attitude chez Vincent à l'égard de Catherine. En pure perte, là aussi.

Serge conclut : « Il faut tenter de vivre » ; « Je suis un type assez formidable », avec une fausse ironie. Il ressemble par certains aspects à César. En nettement moins charismatique et brillant.

La rupture définitive entre François (Michel Piccoli) et Lucie (Marie Dubois), dans *Vincent, François, Paul et les autres*, est moins orageuse que leurs disputes. Car, comme le dit la voix off du film, « Lucie devenait sans le savoir amoureuse de Jacques. Au début, ni elle, ni Jacques, ni François ne s'en aperçurent ». Mais il était patent que Lucie souhaitait trouver un nouvel équilibre car « en parlant avec Julia, [Vincent] apprit que Lucie n'avait plus d'aventures avec n'importe qui ». La conséquence est claire : « Vincent remarqua la solitude de François. »

Lors du retour en train du match de boxe ayant opposé Jean (Gérard Depardieu) à Catano, François part téléphoner. On ne connaît pas la nature de l'échange. François ressort défait, hagard. Mais la petite troupe est pressée de prendre le train et nul n'y fait attention. Ce n'est que lorsque le convoi a démarré, dans un de ces anciens wagons de la SNCF avec compartiments et couloirs, que Vincent (Yves Montand) découvre François (Michel Piccoli), seul, les yeux dans le vide. Il le rejoint et un dialogue à voix basse, très calme, s'instaure. François lui apprend que Lucie le quitte pour Jacques et qu'elle emménage le lendemain en plein Paris, rue de Vaugirard. Vincent est incrédule et s'inquiète de la situation des deux enfants. François est fataliste : « Oh les enfants, ils vont habiter avec elle. Qu'est-ce que tu veux que je fasse d'eux ? Qu'est-ce que tu veux qu'ils fassent de moi ? Je les verrai. » Vincent est médusé. Il ne sait quoi dire. François a envie de partager quelque chose avec son ami et lui tend une cigarette. Vincent hésite, car il vient d'être victime d'un accident cardiaque. Mais François est médecin et l'encourage : « Oh, vas-y ! » Les deux amis vont alors fumer en silence avec une complicité muette, mais sincère. La scène est bouleversante de douceur dramatique.

Les bienfaits de l'âge

On peut conclure quand même sur une note plus positive. Si Dabadie a parfaitement compris l'arrogance des hommes, cette dernière peut néanmoins se transformer en sagesse. Il le dit de façon sublime dans une chanson qu'il a écrite pour Jean Gabin, *Maintenant je sais*[1] :

1. Jean Gabin avait accepté ce texte parce qu'il venait du « môme Dabadie ». Une seule prise a été nécessaire car Gabin avait appris le texte par cœur. Il témoignera plus tard être ravi du résultat : « Je suis troisième au Top 50 derrière Johny et devant les Pink Floyd. Alors là, mes mômes vont me prendre définitivement pour quelqu'un. »

Quand j'étais gosse, haut comme trois pommes
J'parlais bien fort pour être un homme
J'disais je sais, je sais, je sais, je sais.

Mais fort heureusement, la vie se charge d'apprendre aux hommes ce qui est important :

Ce que j'ai appris, ça tient en trois, quatre mots
Le jour où quelqu'un vous aime, il fait très beau
Je peux pas mieux dire, il fait très beau.

Et le philosophe Dabadie conclut :

Y'a 60 coups qui ont sonné à l'horloge
J'suis encore à ma fenêtre, je regarde, et j'm'interroge
Maintenant je sais, je sais qu'on ne sait jamais.

Partie 3

Vie quotidienne

1

L'entreprise et le monde du travail

Il est assez rare que le cinéma, et notamment le cinéma français des années 1970, s'intéresse au monde de l'entreprise. Sautet et Dabadie sont des précurseurs en la matière et il faudra attendre 1981 et *Une étrange affaire*, de Pierre Granier-Deferre, pour qu'un autre film s'y intéresse pleinement.

L'entreprise est donc très présente dans *César et Rosalie*, mais surtout dans *Vincent, François, Paul et les autres* ainsi que dans *Une histoire simple*.

Passons rapidement sur l'entreprise dans *Nous irons tous au paradis*, traitée sur un mode largement caricatural, où l'on découvre un Bouly (Victor Lanoux) « officiellement P-DG », mais à la question de Daniel (Claude Brasseur) « De quoi ? », il répond : « Ben oui, c'est ça le problème, j'ai pas encore trouvé. C'est pour cela que comme tu peux le constater, c'est pas l'effervescence. C'est con, j'ai toute l'organisation et je sais pas quoi faire. T'aurais pas une idée derrière la tête ? » La réponse est floue : « T'as qu'à faire import-export. » Bouly est interrogatif « Mais import-export de quoi ? » La question est cruciale.

De même, dans son sketch *Chagrin fiscal*, écrit pour Guy Bedos, Dabadie évoque un chef d'entreprise qui raconte : « Cet après-midi... j'étais à l'usine... mon usine... Et je regardais la France... À travers la vitre... Vous savez ce genre de vitre, là, j'sais pas comment ça s'appelle, en Securit, pour ne pas qu'un imbécile aille me balancer un boulon dedans et me la foutre en l'air... Avec leurs délégués syndicaux... Je leur avais dit "Vous voulez les clés ? Vous les voulez ? Les voilà..." Mais si j'avais pas dit "poisson d'avril" au dernier moment, ils me les piquaient... Ils me les piquaient ! »

La vision de Dabadie de l'entreprise est beaucoup plus sérieuse dans les films de Sautet où l'on suit parfaitement la crise économique qui commence à sévir au long des années 1970. *César et Rosalie* date de 1972 : l'entreprise de César (Yves Montand) de recyclage de métaux ferreux est en bonne santé et les contrats affluent. *Vincent, François, Paul et les autres,* qui sort en salle en 1974, montre les premières difficultés que rencontrent les PME qui ont peu de trésorerie, dans une activité en déclin. Nous sommes au début du choc pétrolier et de la crise économique. *Une histoire simple* a, pour sa part, le millésime 1978. La crise touche alors de plus grandes entreprises et le chômage de masse et les plans sociaux commencent à frapper.

L'entreprise heureuse

César et Rosalie marque l'époque de l'entreprise heureuse. La première réplique de César (Yves Montand) pourrait faire rêver n'importe quel patron : « De toute façon, on ne va pas faire monter les prix. Ils monteront bien tout seuls ! » Cette phrase traduit à la fois l'optimisme de César et les débuts de l'inflation. Si le taux d'inflation est de 6,9 % en 1972, ce qui est dans les standards européens, il passe à 15,1 % en 1974, date de *Vincent, François, Paul et les autres*, et il « redescend » à 9,7 % en 1978, date de sortie d'*Une histoire simple*. Pour autant, les difficultés économiques se sont multipliées.

L'entreprise de César se situe dans la lignée des Trente Glorieuses, même si chacun comprend que cela risque de ne plus durer. C'est l'époque où « tu demandes du cash », où l'on négocie « à l'ancienne » : « Monsieur Béquino, le temps que vous ayez la communication, moi j'ai 10 000 marks sur la table. » De même, on ne s'embarrasse pas trop pour ce qui concerne l'activité : « Changement de politique, plus de vapeurs, c'est fini tout ça. Enfin, moi j'achète et je pose pas de questions et si je trouve pas d'amateurs, je les mets à la casse et je récupère les cuivres. » Enfin, après le saccage de l'atelier de David (Sami Frey), Rosalie n'a aucune difficulté à trouver 10 000 francs en liquide dans le coffre-fort de César.

En bref, les affaires semblent aller très bien puisque cela ne pose pas de problème à César de dire à ses frères qu'il n'ira pas à un rendez-vous d'affaires à Lyon : « Parce que je ne peux pas, voilà, c'est tout. » En revanche, il ira à Poitiers. Mais en définitive, en pleine crise avec Rosalie et David à Noirmoutier, il part en soirée – ce qui est un peu étrange, car il n'y a que trois heures de route entre l'île et Poitiers. Il fallait que ce rendez-vous soit très tôt... César finit par s'endormir avant de revenir à Noirmoutier pour arriver avant que toute la maisonnée ne soit réveillée. En tout cas, César n'y va pas, ce qui n'est pas grave pour lui : « Bah, je leur téléphonerai... » Enfin, lorsque César, très déprimé par la fuite de Rosalie, décide d'abandonner son entreprise à ses frères, cela semble se produire sans difficulté.

Les difficultés d'une PME

L'ambiance économique n'est pas du tout la même dans *Vincent, François, Paul et les autres.* Vincent (Yves Montand) explique comment il a démarré. *A priori*, il est né dans les années 1920-1925 – on peut supposer qu'il avait 20 ans au lendemain de la guerre[1]. C'est là qu'il monte sa première affaire avec son ami Armand (Jacques Richard) et le père de Jean. Mais ce dernier a rapidement quitté le navire et Armand décide également de partir, après quatre ans, une fois que les dettes de l'entreprise ont été payées. Et même si selon les dires de Vincent « cela marchait heu... couci-couça », ce dernier s'est accroché. Mais nous sommes en pleines Trente Glorieuses, au début des années 1950, quand la France doit se réindustrialiser à marche forcée. L'entreprise de mécanique générale de Vincent continue ses activités et fait vivre une trentaine d'ouvriers.

Cependant, la réalité va revenir au galop au début des années 1970 avec les débuts de la grande crise économique. Vincent vit ce que des milliers de PME vont connaître. Il est frappant de voir que Dabadie et Sautet décrivent de façon très clinique une forme moderne de descente aux Enfers économiques d'un petit patron. Il est encore plus étonnant de constater

1. Yves Montand est né en 1921.

qu'une pareille scène pourrait parfaitement se tenir aujourd'hui, avec les mêmes contraintes et les mêmes difficultés. Une fois de plus, la stupéfiante modernité de Dabadie s'exprime dans son scénario et ses dialogues. Quel patron de PME, en visionnant *Vincent, François, Paul et les autres*, ne connaît pas un petit frisson qui lui fait dire « Cela pourrait être moi » ? Revenons à l'histoire du film : Vincent est à la tête d'une entreprise de mécanique générale qui utilise des machines de haute précision pour fabriquer probablement des pièces détachées. L'entreprise comporte des contremaîtres, en blouse blanche, et une vingtaine d'ouvriers, en blouse bleue. La moyenne d'âge semble assez élevée, ce qui peut être normal si l'entreprise de Vincent a été créée au lendemain de la guerre. Malheureusement, comme souvent, une commande est annulée au dernier moment par un client, la LMC, qui selon Vincent « abaisse [son] programme », autre moyen d'évoquer tout simplement des mesures d'économie liées au début de la crise. Par ailleurs, un fournisseur exige le paiement d'une traite de 13 millions[1] alors qu'il s'était engagé – oralement – à la décaler compte tenu du retard de livraison d'une machine. Comme par hasard, Bécaru, qui exige le paiement de cette traite, va être candidat à la reprise de l'entreprise de Vincent.

Jean (Gérard Depardieu) est incrédule : « On ne saute pas pour une traite. » Pourtant, tel est le cas, encore aujourd'hui, pour une petite entreprise dont son dirigeant a déjà apporté ses biens propres en garantie[2] et qui connaît des problèmes de trésorerie, caractéristique

1. De francs anciens, soit environ 2 000 euros.
2. Vincent le reconnaît lui-même : « Je suis hypothéqué. »

commune à beaucoup de PME. Manifestement, l'entreprise de Vincent n'a pas 13 millions sur son compte. Il dispose donc de trois jours pour trouver cette somme. Comment faire ? Il commence par sa banque, sans illusions : « Remarque au point où j'en suis. » Mais il s'attendait au résultat : « Les banques, ils te prêtent trois parapluies quand il fait beau, pas quand il pleut. »

Vincent va ensuite aller – de façon quelque peu inutile – chez Becaru. La discussion avec son fondé de pouvoir est sèche, voire violente, car Vincent a bien compris que Bécaru voulait lui faire la peau. Le fondé de pouvoir reconnaît sans difficulté que le report de la traite avait bien été évoqué entre les deux hommes : « Effectivement, M. Bécaru l'a dit. Et il a changé d'avis. Je n'y peux rien. Et vous non plus. » Le nœud coulant autour du cou de Vincent s'est brusquement resserré.

Vincent part donc, de façon quasi désespérée, à la recherche de ces fameux 13 millions qui lui permettraient de poursuivre son activité. Il rend visite à son ancien collègue, Armand, même si « Armand, il a pas 13 millions comme ça ». Mais ainsi que le lui fait remarquer Jean, « il sait ce que c'est, ça lui est déjà arrivé », Armand n'est ni à son entreprise ni chez lui. Vincent laisse un message préoccupé à Betty, sa femme, pour lui demander de le rappeler d'urgence. Puis il se rend dans un état d'angoisse total et avec retard au dîner organisé par les parents de Marie, au cours duquel il restera muré dans ses soucis.

Vincent arrive ensuite chez Clovis, qui inaugure son nouveau bar. On se demande ce qu'il est venu faire dans cet endroit : sans doute retrouver un peu de chaleur humaine et essayer de continuer à résoudre ses problèmes. Il finit par joindre Armand, qui vient tout juste de rentrer chez lui après une réunion à son syndicat. Vincent avait anticipé sa réponse : « Treize, je peux pas, tu t'en doutes, je peux trouver quatre à la rigueur. » Mais c'est un premier pas et surtout Armand indique à Vincent qu'il ne veut pas le laisser tomber. Il sera de parole, car dès le lendemain, il lui présente Farina, qui dispose d'une entreprise dans le même domaine que Vincent et qui pourrait l'aider.

Vincent avait-il une idée derrière la tête en téléphonant en pleine nuit à Catherine (Stéphane Audran) au sortir de chez Clovis ? Difficile à dire, mais on peut considérer qu'il est davantage un homme d'instinct que de stratagème. Au fond du trou, il a eu sans doute envie, voire besoin, de voir son grand amour pour partager sa détresse avec elle. Peu importe qu'il soit tard dans la nuit. Et peu importe que Catherine ne soit pas seule.

Vincent est touchant. « Je vais pas bien, avoue-t-il. Je suis en train de descendre petit à petit et je sais pas où je vais m'arrêter. J'ai 9 millions à... enfin si je les ai pas demain, je suis coulé. C'est tout. » Catherine est totalement stupéfaite. « Mais tu ne peux pas les trouver, toi ? » Personne ne peut imaginer que le hâbleur, sympathique, dynamique et entreprenant Vincent ne puisse trouver cette somme. C'est d'ailleurs quasiment la même remarque qui lui sera faite par le père de Catherine, quelques heures plus tard. Mais c'est peut-être aussi parce que personne ne peut croire que Vincent soit au bord du gouffre que ce dernier est abattu : « Je trouve plus personne, nulle part, ça ne m'était jamais arrivé et quand ça arrive c'est le désert. »

Terrible situation d'un chef d'entreprise qui a besoin de trouver désespérément de l'argent pour sauver son affaire. Et dans un aveu déchirant, Vincent lance à Catherine : « J'avais besoin de te voir, de te parler. » Et son très bravache « Mais je vais m'en sortir, tu me connais » n'est pas pour rassurer Catherine, que l'on sent bouleversée. Elle n'aurait jamais cru que Vincent puisse un jour en arriver là.

Épuisé, Vincent va s'endormir sur le canapé de Catherine. À son réveil, il découvre Georges, le père de Catherine, qui accepte de lui prêter 10 millions.

L'entreprise de Vincent est sauvée, pour le moment. Mais cette difficulté a agi comme un électrochoc pour Vincent, qui dès le lendemain va demander à son comptable de lui exposer pour lundi matin une « situation exacte » de son affaire. À la suite de cette crise, il importe en effet de savoir si sa société est viable.

Les comptes sont impitoyables. Les charges se montent à 70 millions alors que les rentrées prochaines sont au mieux de 24 millions. Donc, à moins d'espérer une commande importante venant, par exemple, remplacer celle de la LMC, l'entreprise de Vincent va être en cessation de paiements dans les trois mois qui viennent. Vincent est blême, même s'il s'en doutait un peu : « J'ai compris. » Il n'a pas d'autre solution que de vendre pour que la société survive. C'est ce qu'il va annoncer à son personnel. Ces derniers, de vieux ouvriers, sont d'abord incrédules (« Quand vous dites que vous vendez... »), puis cherchent des solutions (« Vous ne pouvez pas demander... de nouvelles hypothèques ? »), enfin sont atterrés (« Ça peut pas être possible. Alors vraiment, y a pas... »). Intimidés, désespérés, ils ne peuvent plus finir leurs phrases. Vincent a bien essayé de les rassurer : « Mais pour vous, ça ne devrait pas changer ici, ça continuera de tourner. » Est-ce si sûr ? Les ouvriers semblent en douter, non sans raison.

La vente était de toute façon inéluctable. Face à la baisse des commandes, alors même que Vincent venait de faire un gros investissement avec une machine « terrible », avec laquelle « tu travailles au centième de millimètres » mais que, seulement, « il faut [...] payer », aucune autre solution n'était possible. Vincent n'est ni un gestionnaire ni un financier. C'est un enthousiaste, un entrepreneur né, qui va chercher les clients et se préoccupe peu de l'intendance. S'il s'était davantage penché sur ses comptes, il aurait pu anticiper une fin prévisible. Peu importe que Bécaru ait précipité sa chute en exigeant le paiement anticipé d'une traite. Vincent ne pouvait pas s'en sortir. Le fait de le comprendre brutalement est encore plus terrible pour lui.

Bécaru est le premier à venir visiter l'entreprise de Vincent. Il arrive en Rolls et porte un manteau de fourrure en fumant un gros cigare : la parfaite image du parvenu. Ce déplacement se fait au pas de charge, sans un regard vers les ouvriers, qui ont déjà compris le sort qui les attendait. Bécaru annonce : « Je vais réfléchir à ça. » Vincent réplique presque agressivement : « C'est ça, réfléchissez. » Mais Bécaru ajoute « Vous aussi » d'un ton de menace. La poignée de main est glaciale.

Cette visite peu agréable confirme aux yeux de Vincent que Bécaru n'est pas le bon repreneur. Il décide d'aller chez Farina, l'ami d'Armand qui lui avait proposé de lui prêter de l'argent. Farina examine avec soin les documents comptables apportés par Vincent et lance une phrase curieuse (« Je ne savais pas que le passif allait jusque-là ») qui ne veut pas dire grand-chose à moins qu'elle ne signifie qu'il est impressionné par le montant des dettes… Farina ressemble à Vincent, c'est un terrien qui garde son chapeau sur sa tête pour examiner les comptes et on sent davantage un entrepreneur qu'un financier ou un comptable. La seule question importante pour Farina est de comprendre pourquoi Bécaru n'a pas voulu racheter l'entreprise de Vincent. La réponse le satisfait pleinement : « C'est Bécaru qui ne me plaît pas. » Alors, Farina peut enlever son chapeau pour signifier que l'affaire est conclue, à l'image des maquignons qui tapent sur le cul des vaches pour signifier un accord. Mais Vincent a une ultime demande. Il veut 13 millions tout de suite pour rembourser Armand et Georges. L'acheteur acquiesce avec bienveillance.

À quel prix Vincent a-t-il vendu son entreprise ? Treize millions pour solder ses dettes immédiates et personnelles, ou davantage ? Difficile à dire. À Catherine, il présente sa situation de façon très positive, comme toujours : « On m'a fait une proposition fantastique… je ne voulais pas et puis… Tu te rappelles mes difficultés, je m'en étais sorti[1], mais les petits problèmes s'accumulaient. Alors je me suis dit "À quoi ça rime ?". Enfin j'ai vendu. Bien vendu. Je suis… très content. »

Le hâbleur Vincent ne pouvait quand même pas avouer à Catherine qu'il a été acculé à la vente par ses mauvais résultats.

Juste après son accident cardiaque, Vincent ne tient pas le même discours à François (Michel Piccoli). La maladie qui a failli l'emporter le rend-elle plus lucide ? « J'ai plus d'affaires, plus rien… plus de

1. Vincent oublie un peu vite que c'est grâce au père de Catherine.

dettes, mais plus d'argent, plus de travail. » Mais Vincent s'invente une autre vérité pour mieux expliquer cette déroute : « Tu sais depuis que j'ai perdu Catherine... »

Quel avenir pour Vincent ? Il n'a pas d'autre choix que de repartir de zéro. Il travaille désormais avec Armand (« J'ai dit à Armand de me prendre parce que... »). Vincent n'ose pas dire qu'il n'a pas eu le choix. En tout cas, il semble clair que le prix de la vente de son entreprise ne lui permet pas de vivre comme un rentier. Mais la vitalité et l'énergie de Vincent reprennent le dessus : « Oui, alors là évidemment, je commence, mais si tu voyais comment ça marche. C'est pas pour m'envoyer des fleurs, mais, comme on dit, il y a de l'avenir. »

La crise économique

Une histoire simple va aussi évoquer le monde de l'entrepreneuriat. Ce n'est plus une PME, mais une grande structure qui travaille dans le matériel radiologique.

On l'a dit, le film sort en 1978, la France et ses entreprises sont alors plongées dans la crise économique. Même si nous sommes avant le second choc pétrolier, de 1979, l'inflation est supérieure à 9 % par an depuis 1973. Un nouveau fléau apparaît : le chômage. S'il était résiduel jusqu'en 1974 en demeurant autour des 400 000 demandeurs d'emploi, il connaît une forte croissance avec le premier choc pétrolier pour dépasser le million en 1977 et 1,1 million en 1978. Les sociétés confrontées à la crise sont obligées de s'adapter pour ne pas disparaître. L'année 1978 connaît un triste record avec 16 300 défaillances d'entreprises, chiffre il est vrai compensé par des créations supérieures.

Une histoire simple ne raconte pas autre chose, même si la situation est très différente. D'abord, la société dans laquelle travaillent Marie (Romy Schneider) est un groupe qui compte de nombreuses succursales en France. Ensuite, à la différence de *César et Rosalie* et de *Vincent, François, Paul et les autres*, tous les héros de notre histoire travaillent dans cette même entreprise, qui est devenue leur univers et qui a forcément pris une place prédominante dans leur amitié.

Cette société connaît, elle aussi, des difficultés comme des milliers d'autres en 1978. Ainsi que l'explique Georges (Bruno Cremer), « le groupe… a décidé ce que l'on appelle un “regroupement des unités”, ce qui veut dire *in fine* qu'Arras, Bordeaux et Valence vont fermer ». Il n'est pas très difficile de décoder : l'entreprise traverse des difficultés et a décidé de fermer ses structures les moins productives. De même, Francine (Francine Bergé) évoque « les cent quatorze de la fabrication qui ont déjà été expédiés en province, séparés de leur famille… les autres purement et simplement foutus à la porte, sans sursis, sans deuxième chance… » Enfin, les dirigeants de l'entreprise ont parlé « de fusion ou même de rachat par des capitaux étrangers ». Et Georges conclura plus tard : « On parle d'ouverture en faisant une politique de fermeture. » Bref, la situation est grave.

Les salariés tentent de résister. Un mouvement social est engagé et les élus en comité d'entreprise viennent rendre compte aux salariés des progrès de la négociation. On ne peut pas dire que la réussite soit totale et on sent Dabadie très heureux de mettre un dialogue abscons et verbeux dans la bouche de ces élus du personnel dépassés par la situation. « On est bien d'accord là-dessus que la reprise du travail passe uniquement par la garantie de l'emploi », mais les élus s'empressent d'ajouter : « Attention, pas pour tous, il y aura un programme de requalification pour ceux qui sont le plus menacés. » Enfin, les pauvres représentants sont obligés d'avouer : « On n'a pas pu aujourd'hui parler de tous les problèmes, on n'a même pas parlé du problème des cadres, les indemnités en cas de licenciement, et le montant des primes pour les déplacés. » On se demande bien ce qu'ils ont pu évoquer avec la direction. On peut supposer que comme souvent, ils se sont laissé berner par les belles paroles, les « éléments de langage ».

Les conséquences pour les amis sont directes. Jérôme (Roger Pigaud), qui est un des plus anciens de la bande, a reçu un préavis de licenciement. Gabrielle (Arlette Bonnard), sa femme, explique à Marie : « Tu sais pour lui c'est presque un soulagement, puisqu'il dit qu'il s'y attendait... de toute façon, depuis un an, [elle] voy[ait] bien que son travail ne l'intéressait plus. » Moyen pudique d'expliquer ce qui arrive à cette époque à près d'un million de Français. Il est évident que Jérôme ne peut être soulagé par cette nouvelle. La première conséquence est retentissante : « C'est pour ça qu'il voulait que l'on vende la maison. » Ce n'est pas une surprise pour Marie puisque Jérôme avait déjà évoqué cette éventualité. La réponse de Jérôme à Marie avait été claire au sujet de la maison de La Ferté : « C'est loin, tu sais, et ça finit par être lourd. » D'autant plus lourd lorsque l'on va connaître une forte diminution de revenus.

Soulagement pour Jérôme, vraiment ? Ce dernier va faire une première tentative de suicide en avalant des médicaments. Il sera sauvé d'extrême justesse par Gabrielle et Marie. Jérôme s'excusera très pudiquement auprès de Marie le lendemain : « Je m'excuse pour hier soir, j'avais trop bu. Enfin, c'est pas aussi simple. C'est une connerie en tout cas. »

Pourquoi Jérôme est-il licencié ? Selon Georges, « il y a dix ans, tout le monde ne jurait que par lui alors que maintenant, il n'est plus performant. Depuis deux ou trois ans, tous les projets qu'il rend sont considérés démodés ou trop coûteux, plus fiables quoi, et puis en partie démarqués de produits étrangers ». En conséquence, « il est sur une charrette en septembre ou octobre ».

La dureté de la crise qui frappe fortement les entreprises rend forcément les cadres dirigeants plus insensibles. Il faut toute la douceur et la générosité de Marie pour faire comprendre à Georges : « C'est pas possible qu'on ne trouve pas quelque chose, une idée, que tu le fasses retravailler d'une manière ou d'une autre. C'est Jérôme quand même, non ? Il a du talent. Tu l'as assez dit. » Et Marie conclut par une phrase admirable qui est toujours d'actualité dans les relations sociales : « On peut pas parler de lui au passé ! »

Georges est gêné. Il veut bien essayer de rattacher Jérôme au bureau d'études : « Il pourrait donner ses avis sur certains projets. On lui demanderait pas d'avoir de l'invention, on lui demanderait son expérience, quoi. »

La proposition est lancée et traduit la nouvelle stratégie, ultradéfensive, de l'entreprise : « Plus de projets nouveaux, on ne travaille que sur des modèles déjà sortis. Évidemment sur des appareils de série, c'est pas difficile de les modifier parce qu'on sait déjà ce qui marche et ne marche pas. Si on n'a pas quelqu'un pour faire le travail de synthèse, on n'y arrivera plus. »

Jérôme est intéressé mais dubitatif et montre à travers sa réponse tous les doutes existentiels qui le taraudent : « Tu ne crois pas qu'on a beaucoup perdu ? » demande-t-il à Georges. Puis : « C'est Marie qui t'a parlé ? » La réponse de Georges est sincère et montre que tous les salariés, y compris les cadres importants de l'entreprise, vivent un réel malaise : « Tu sais, tout le monde en a pris un coup, parce que si ça arrive à toi, ça peut nous arriver à tous, à moi comme aux autres. Au début, je voulais tout casser et puis j'oublie que j'attends. »

Mais cette main tendue est un désastre que Georges va expliquer de façon véhémente à Marie, car en proposant de recruter Jérôme, il a pris un risque professionnel : « Il va être licencié, définitivement. Écoute, je lui ai donné du travail. Il m'a rapporté toute la doc au bout de deux semaines en disant que ça ne valait même pas le coup de rédiger un rapport. Ça ne valait rien. Je t'en ai pas parlé. Je lui ai donné autre chose à faire. Là, on a attendu dix jours, quinze jours, il devait venir à la réunion, il n'est pas venu. Pour finir, il devait nous remettre vingt feuillets, on en a eu dix et en retard. Incomplet. Bâclé. » La conclusion est lapidaire : « En tout cas, c'est quelqu'un qui n'en veut plus. Il est fini Marie. »

Marie est interdite devant autant de violence : « Il est fini, tu parles comme ça maintenant… Un type comme lui ce n'est plus rentable, c'est ça ? » Ce dialogue tendu signe la rupture entre les deux.

La conclusion sera encore plus terrible : Jérôme va signer au cinéma le premier suicide d'un salarié à bout de nerfs. Il est impossible de réussir à les quantifier à la fin des années 1970 ; les études n'ont commencé à les prendre en compte qu'au début des années 2000. Le nombre global de suicides demeure stable : 9 158 en 1979 et 9 200 en 2017. Il demeure dans les deux cas nettement supérieur à la moyenne européenne. Une enquête de 2003 laisserait entendre qu'environ 300 à 400 personnes mettraient fin à leurs jours chaque année sur leur lieu de travail. La souffrance au travail a également beaucoup évolué : d'abord physique pour les artisans et ouvriers, elle a glissé vers une souffrance psychologique avec les nouvelles organisations du travail et les crises économiques à partir des années 1970. En 2016, plus de 10 000 affections psychiques ont été reconnues au titre d'accident du travail.

Dabadie est un visionnaire et un précurseur. Tout le cinéma de Brizé, sans aucun doute le cinéaste le plus doué de sa génération pour évoquer le monde du travail, en est inspiré.

Mais Dabadie va plus loin. Un court passage dans *Vincent, François, Paul et les autres* est très instructif, dans le monde des années 1970, quelque temps après le monôme de Mai 68. Pierre (Jean-Denis Robert), fils de Paul (Serge Reggiani), a fini ses examens, mais considère qu'il ne fait rien : « Pour vivre, je travaille dans une boîte..., mais j'attends de faire quelque chose qui serve à quelque chose. Pas travailler pour travailler. » Ce n'est pas très neuf. Toutefois Pierre ajoute : « Ça ne peut pas durer, c'est pas possible. Ça va sauter quelque part. » Le film est écrit peu de temps après Mai 68, et on peut comprendre cette allusion aux événements qui viennent de se passer dans une société où les maoïstes et les trotskistes ont très largement infiltré la jeunesse et les milieux intellectuels. Mais de nos jours, cette phrase n'est pas sans revêtir une certaine actualité, tant les ferments de la révolte ne sont jamais loin. Fort heureusement, l'extrême gauche est devenue groupusculaire, mais elle a été remplacée par des fondamentalistes, qui ne sont pas tous religieux et qui rêvent du grand soir. Pierre en fait-il partie ?

2

Drôle de médecine

Jean-Loup Dabadie avait-il une dent contre les médecins ? Ce n'est pas certain même s'il est unanimement reconnu comme un grand hypocondriaque. Force est toutefois de constater que les portraits qu'il fait de deux médecins, François (Michel Piccoli), dans *Vincent, François, Paul et les autres*, et Simon Messina (Guy Bedos), dans *Un éléphant ça trompe énormément* et *Nous irons tous au paradis*, sont au vitriol.

Commençons par François, le moins sympathique de la bande. Lors de la célèbre scène du gigot, on apprend qu'il était un médecin progressiste dans sa jeunesse. Ainsi que le dit Paul (Serge Reggiani), « il ne fallait pas rire avec le progrès social, sinon il se fâchait ».

Quelques années plus tard, François s'est assez notoirement embourgeoisé et exerce dans son appartement parisien, dont une partie a été équipée en cabinet médical, d'un certain luxe puisqu'il dispose d'un appareil de radiographie.

On l'a dit, François fait partie de ces médecins taiseux qui ne communiquent pas avec leurs patients. L'homme qui subit une radiographie est manifestement inquiet. Mais François ne lui dit rien et lui demande uniquement de se rhabiller et de le rejoindre dans son bureau.

Le médecin n'est pas plus disert avec la femme du patient, qui lui demande si la maladie de son mari n'est pas d'origine nerveuse. Il demeure glacial et laconique indiquant juste « On va voir... », lourd de sous-entendus, suivi d'« On va faire des analyses ». Et lorsque la femme du patient relève que son mari n'aime pas les prises de sang, le praticien la regarde ahuri, avec commisération. Comble de l'incorrection, François prend son ami Paul au téléphone pendant la consultation.

Difficile de faire pire, ce que lui dit très justement sa femme, Lucie (Marie Dubois) : « Tu méprises même ton métier : tu n'es plus qu'une machine à sous. Tu n'as plus de sang. »

Il est vrai que François a des projets : une clinique à l'Étoile. Avec deux associés, toutes leurs économies sont investies dans ce projet. C'est du moins sa réponse à Vincent (Yves Montand) quand ce dernier évoque ses soucis d'argent. François est lapidaire : « Je ne te demande même pas ce qu'il te faudrait parce que... depuis qu'on s'est lancés dans ces histoires de clinique... on est trois, mais tout y passe, mon vieux. »

Mais François cherche des excuses, ce que Vincent a parfaitement compris et qui lui permet de répondre, confus : « Ben... tu... rien... » à François qui vient de lui dire « Je ne sais pas quoi te dire ». Par cynisme, il ose même le dire à sa femme, qui lui demande pourquoi Vincent avait l'air préoccupé : « Il a même essayé de me taper. » François ne sait pas quelle somme Vincent voulait lui emprunter, ce qui lui vaut une réponse cinglante de Lucie : « Salaud ! » Elle est en effet indignée de l'égoïsme de son mari et de sa totale indifférence à l'égard de son ami.

Toutefois, c'est au cabinet de François que Jean (Gérard Depardieu) conduit Vincent au moment de sa crise cardiaque. François s'est adouci : il demande à son ami s'il souffre moins et si les effets de la piqûre se font sentir. François est à la fois doux, apaisant et concentré.

L'accident cardiaque de Vincent est loin d'être un cas isolé dans la société des années 1970. Selon l'Inserm, plus de 91 000 personnes mouraient d'une crise cardiaque en 1979. Elles n'étaient « que » 44 000 par an en 2020, soit une division par deux. Les raisons en sont simples : dépistage et traitement du cholestérol, de l'hypertension, réduction du tabagisme, développement de la diététique, sans oublier les progrès des services d'urgence. Les maladies cardio-vasculaires demeurent quand même la deuxième cause de mortalité en France après le cancer.

Cette attaque de Vincent a profondément changé François dans l'exercice de son art. Quoiqu'un peu infantilisant, il veut rassurer son ami, très marqué par l'épisode, tout en ne lui cachant pas la vérité : « Ç'aurait pu être plus grave » ; « C'est quand même une alerte ». François se doute en effet qu'il aura du mal à décrocher. Il est hospitalisé pour confirmer le diagnostic et rester quelques jours sous surveillance. Le médecin lui interdit les efforts violents, l'alcool et la cigarette.

Le radoucissement de François s'explique par deux phrases « Tu n'as plus 20 ans… on n'a plus 20 ans ! » Le sentiment du temps qui passe, de la vie qui s'écoule et peut s'arrêter à tout moment, impose au très cérébral

François de s'interroger sur lui-même. De façon plus prosaïque, il se rend compte qu'il a failli perdre un ami très cher et qu'il en est en partie responsable, par son refus de voir que Vincent était triplement en perdition, sur le plan de la santé, sur un plan personnel lié au divorce avec Catherine (Stéphane Audran) et sur un plan professionnel avec son entreprise.

François s'en veut encore d'avoir lâchement abandonné son ami à ses soucis financiers dont il voit bien qu'ils sont l'une des causes de son attaque cardiaque. Il tente alors un timide : « Tu sais pour ce que tu m'avais demandé l'autre jour, vraiment, je pouvais pas… mais si tu veux maintenant, je peux m'arranger. »

Dabadie s'en prend à la « médecine-industrie » avec le personnage de François. Avec Simon Messina (Guy Bedos), c'est une critique plus drôle, mais encore plus acerbe de la pratique médicale. Simon est un médecin de gauche. S'il dispose d'un cabinet dans les riches quartiers de Paris, il conserve également une consultation à l'hôpital où, en tant que rapatrié d'Algérie, il aime garder le contact avec les populations immigrées en France : il salue avec bonhomie M. Daoud, qui vient le consulter en lui disant quelques mots en arabe.

Mais Simon est un médecin totalement hypocondriaque, à l'instar de Dabadie : il a toujours mal quelque part, ce qui peut être agaçant pour ses amis, mais surtout surprenant pour ses patients, comme M. Jouglen, à qui il dit, en montrant son épaule : « Je sais pas ce que j'ai, c'est énervant, ça me lance. Je me demande si ce n'est pas un petit claquage ? Je déguste. » Au tennis, alors qu'il perd : « Je sais pas ce que j'ai, j'ai dû me faire une petite élongation. »

Lors de l'achat de la maison, alors qu'il demande à Étienne (Jean Rochefort) de vérifier tous les papiers, il a cette interrogation curieuse : « Tu as déjà eu une sciatique, toi ? » Enfin, alors qu'il a soigné un ami de Daniel (Claude Brasseur) qui a eu des saignements de nez, il demande : « Oh, ça brûle quand j'appuie là ? Ça te fait ça quelque part quand tu arrêtes de respirer ? » Daniel n'a pas ces préoccupations : « Je sais pas, je me retiens jamais. » Simon, quant à lui : « Avant c'était une sorte de crampe, maintenant ça fait deux jours, je suis blanc quoi, c'est déplaisant, et puis ça y est je me bloque... [il se couche dans le lit de Daniel.] T'inquiète pas je m'en vais, je récupère un peu et puis... » Enfin, dans la scène où Bouly (Victor Lanoux) mime la folie pour permettre à Étienne de rejoindre Charlotte (Anny Duperey), ce dernier donne une claque à Simon lors de la fausse bagarre, choquant ce dernier, qui rétorque : « Il est fou, j'entends presque plus rien de l'oreille droite ! »

Un médecin en permanence atteint par des maux divers et qui surtout ne sait pas d'où ils viennent ni ce qu'ils sont n'est pas vraiment fait pour inspirer confiance !

Cette confiance est encore plus écornée au vu de la façon dont il traite ses patients : M. Jouglen, qu'il reçoit en consultation, est un cas intéressant. Ce dernier a tout l'air d'un dépressif notoire et on ne peut pas dire que le Dr Messina le rassure pleinement. En effet, quand Jouglen lui montre ses analyses en lui demandant pourquoi le laboratoire ne l'avait pas prévenu, Simon, absorbé dans sa lecture, lui confirme que ce n'est pas normal. Puis il siffle bruyamment comme si un résultat de l'analyse l'impressionnait particulièrement. Jouglen s'affole et lui demande les raisons de ce long sifflement. Le « Non, rien... » de Simon ajoute à l'inquiétude, d'autant que, devant son patient, il demande à sa secrétaire : « Vous pouvez téléphoner chez Lavallé, pour demander s'ils ne se sont pas trompés dans les triglycérides et le cholestérol de M., heu... Jouglen ? » Cette interrogation face à son patient est hallucinante. Mais Simon ne s'arrête pas là. En lâche puissance dix, il termine sa phrase par : « ... parce que si c'est ça, moi... » signifiant que si les analyses sont trop catastrophiques, il ne peut plus rien faire.

Ne parlons pas non plus du secret médical pour Simon ! Quand, dans une mémorable dispute, sa mère (Marthe Villalonga) lui reproche de ne pas avoir pu lui parler, Simon lui répond qu'il était en consultation avec l'un de ses patients, M. Simoni. Sa mère émet des doutes en considérant qu'il est un malade imaginaire. Simon est ulcéré, mais sa réponse est inadaptée : « Il a rien du tout ? Tu veux voir ses radios, tu veux voir ses radios ? »

Cette incroyable désinvolture peut étonner. Quand le Dr Messina répond au téléphone pendant une consultation : « Eh bien moi aussi, j'ai des bourdonnements, moi aussi je vois des papillons, comme ça on est deux. » « Vous répondez comme ça à vos malades ? » lui demande, interloqué, le mari de sa patiente. Simon explique que c'est sa mère qui le poursuit. Mais l'argument est faible, surtout quand il rajoute : « Déjà que c'est pas drôle de voir des gens qui viennent avec leurs maladies... »

L'absence de disponibilité de Simon est aussi largement critiquée par ses propres amis. Quand Mouchy veut que son fils aille la chercher à La Samaritaine, où elle a eu un malaise, il est injoignable, ce que souligne Bouly (Victor Lanoux) : « L'autre, c'est nouveau, il prend plus personne au téléphone. Tu vois le genre de médecin, tu as une attaque, il faut lui écrire. » Simon, contacté par le même Bouly pour l'achat de la maison de campagne alors qu'il consulte, a cette réflexion curieuse : « Mais il faut être malade pour appeler un médecin à l'hôpital. »

Il n'est pas davantage joignable quand Daniel l'appelle pour s'occuper de son ami polonais pris d'un saignement de nez. « À quelle heure tu as trouvé mon message ? » « Ben là en rentrant de chez ma mère », ce qui signifie que de nombreuses heures se sont écoulées. D'un point de vue opérationnel, il ne semble guère plus à l'aise. Face à ce jeune homme que Daniel a installé dans son lit, sa première remarque est « Il bouge », ce qui lui vaut une réponse de Daniel : « Bah heureusement, il est pas canné tout de même. » Constatant que l'ami de Daniel avait un peu de tension, il décide de lui faire une piqûre. « Je regarde pas, j'ai horreur des piqûres ! » dit-il en enfonçant l'aiguille dans l'avant-bras de l'intéressé.

Quelques semaines avant la mort de Mouchy, Simon minimisait les maux de sa mère : « Qu'elle soit tombée dans les pommes, ça c'est vrai, le bonhomme de La Samaritaine me l'a dit. C'est rien, c'est de l'hypoglycémie. Un sucre et puis tu repars. Évidemment, en ce moment elle fait un régime pour faire la belle. »

Enfin, il utilise de façon un peu curieuse son métier pour assouvir son besoin de séduction. Commençons par la femme du professeur de médecine, mentor de Simon, Mme Lubéron, avec qui ce dernier entretient une liaison particulière. Il ne peut la voir que la nuit et uniquement si le professeur est amené à se déplacer sur un cas grave : « Évidemment, ça dépend de la gravité de l'opération. Si c'est une appendicite, je ne me dérange pas, explique Simon. Si c'est par exemple une péritonite, elle me téléphone parce que rien que l'aller-retour, j'ai vingt-cinq minutes de voiture, alors le temps qu'il se lave les mains soigneusement, qu'il enfile ses gants... », ce à quoi Daniel (Claude Brasseur) dans un grand fou rire répond : « "Allô, mon bébé, y a deux jambes à couper." "Bouge pas mon bébé, j'arrive." » En effet, quelques jours plus tard, Simon reçoit un appel à une heure trente du matin et on comprend qu'il s'agit de Mme Lubéron : « Tu es sûre qu'il y a hémorragie ? demande-t-il. Bon j'arrive ma Ninette. »

Le plus étonnant est la liaison qu'il entretient avec Mme Chalamand dans *Nous irons tous au paradis* et qui est consommée à chacun des rendez-vous médicaux. Simon est inquiet, car le mari est venu pour la première fois à la consultation. Il est normal qu'il soit préoccupé, car sa femme lui tient des propos pas très cohérents sur sa maladie, corroborés par Simon : « C'est pas grave vous savez, mais je veux continuer à la voir deux fois par semaine, le mardi et le jeudi et là-dessus, je serai... » Il fait le signe qu'il sera intraitable, et il ajoute un très mystérieux et énigmatique : « Elle a rien, mais ça peut être long. »

Simon pousse même la gageure jusqu'à faire hospitaliser Mme Chalamand pour mieux favoriser sa relation. La mère de l'intéressée commence à trouver cela étrange : « Il pourrait te laisser sortir quand même, ça fait dix-huit jours et tu n'as rien. » Elle se voit répondre un curieux : « Mais tu sais, il dit qu'il ne faut surtout pas se fier aux analyses. » Et lorsque Simon rentre dans la chambre fier et conquérant, les visiteuses de Mme Chalamand sont contraintes de s'éclipser pour laisser les deux amoureux ensemble.

3

La mode du sport

Jean-Loup Dabadie est de ces hommes qui aiment le sport pour les émotions qu'il procure, mais aussi et surtout pour les instants de convivialité, d'amitié et de partage qu'il permet.

La scène du football de *Vincent, François, Paul et les autres* en est l'exemple. Ce n'est pas tant le sport qui est célébré que l'amitié entre ces hommes. Ils sont partis faire une partie de foot, sur un terrain constitué pour l'occasion avec des poteaux de but symbolisés par des manteaux, ainsi qu'ils le faisaient très probablement dans leur enfance. Mais cette partie est aussi l'occasion pour chacun de nos trois héros de montrer leur personnalité. Pour Vincent (Yves Montand), tou jours bravache : « Vous allez voir un massacre, un véritable massacre. » Vincent est aussi le tacticien. À la suite d'un coup franc, il demande discrètement à Paul (Serge Reggiani) de se décaler dans un coin et tout en discutant avec les autres joueurs sur le caractère direct ou indirect d'un coup franc passablement inventé, il lui passe discrètement le ballon et Paul, démarqué, ne laisse aucune chance au goal. Toutefois, en shootant, l'incorrigible maladroit se tord la cheville.

Il n'est pas très étonnant que Dabadie soit un grand fan de rugby et l'un des plus vibrants soutiens du club de Grenoble, sa ville de cœur. Quel sport symbolise plus magnifiquement l'amitié, le partage, le don de soi, le fait que les plus brillantes actions ne sont permises que grâce à un dévouement obscur préalable ? Et comment omettre les célèbres troisièmes mi-temps où, les libations aidant, des individus supposés sérieux s'égarent dans les vapeurs de l'alcool, portant au faîte de la convivialité et de l'amitié ces moments uniques ?

Mais bizarrement, le sport dont il est si friand tient une part modeste dans son œuvre des années 1970. On ne le retrouve que dans *Vincent, François Paul et les autres* ainsi qu'*Un éléphant ça trompe énormément* » et *Nous irons tous au paradis.*

Le tennis

Le tennis, sport que Dabadie pratique et aime[1], est formidablement mis en exergue dans ses films. Au moment du tournage d'*Un éléphant ça trompe énormément* et de *Nous irons tous au paradis*, le tennis connaît une formidable expansion. Ce sport est à la mode grâce aux exploits et aux personnalités hautes en couleur des Borg, McEnroe, Lendl ou encore Connors, qui réunissent des millions de Français devant leur petit écran. De 300 000 licenciés en 1975, le tennis passe à 801 000 en 1980 et atteint 1,3 million en 1991, record non encore

1. Dabadie fut un pilier du tournoi de Roland-Garros.

dépassé à ce jour. Le début des années 1980 marque le lancement de l'opération « 5000 courts » subventionnée par la Fédération française de tennis et visant à développer la pratique de ce sport dans l'ensemble des territoires. Mais la petite balle jaune est aussi un prétexte pour réunir quatre personnages très différents les uns des autres sur le plan de leurs caractères et de leurs origines sociales, dans une nouvelle histoire d'amitié, cette fois filmée par Yves Robert sous l'angle de la comédie.

En cours d'écriture du scénario, Yves Robert va voir son ami Dabadie jouer au tennis comme tous les mardis de midi à treize heures au 119, avenue Mozart, au coin de la rue de la Source. Le court de tennis, en terre battue, était installé sur le toit d'un garage, avec un vestiaire et un bar où il était possible de déjeuner. Les fourneaux étaient entre les mains de Mme de Omsky avec un menu unique : poulet rôti, pommes sautées et religieuse au chocolat.

Le cours était réservé – et payé – par Xavier Salado, un pied-noir élu député en Algérie avant l'indépendance, et réunissait régulièrement Philippe Seller, patron des pianos Paul-Beuscher, les journalistes Pierre Bouteiller, Gilles Jacob et Jean-Loup Dabadie. Le propre d'un double au tennis est de nécessiter davantage que quatre joueurs, car il y a toujours un absent.

Yves Robert a eu une révélation qu'il racontera par la suite : « J'assistais à leur match, des cris, des rires, des insultes, des tapes, des petites tricheries. Des gamins en culottes courtes. Au vestiaire je vois les trois mecs à poil déconnant sous la douche, le quatrième, plus pudique, déjà enveloppé dans une serviette[1]. Je dis à Jean-Loup : nos éléphants sont amis parce qu'ils jouent au tennis. C'est ça qui les a réunis. »

En effet, compte tenu des fortes différences de caractère entre les quatre amis – les deux prolos et les deux bourgeois, le haut fonctionnaire rigide et le médecin de gauche, le cavaleur invétéré et l'homosexuel refoulé –, il fallait bien trouver une raison pour qu'ils se connaissent.

À partir de là, beaucoup des scènes dans *Un éléphant* et *Nous irons tous* s'éclairent.

On comprend ainsi mieux la première scène de tennis, lorsque trois compères sont sous la douche, alors que Simon (Guy Bedos) ne les rejoint pas :

« Tu vas voir, il va avoir oublié sa serviette.

– Simon ???

– Je peux pas j'ai pas ma serviette.

– Comme à chaque fois, les mecs ! »

Les tricheries des Dabadie, Bouteiller, Jacob et consorts étaient permanentes ? Que retrouve-t-on dans les deux films ?

« Faute !

– Faute ?????

– Oui, de peu.

– Prends ton vélo et viens voir ! »

Un peu plus tard alors que Bouly (Victor Lanoux) s'apprête à servir, Simon, pour le déconcentrer, lui dit : « Et fais attention aux fautes de pied », ce à quoi Bouly lui rétorque « Tu perds tes bas ou quoi là ? »

1. Gilles Jacob, selon son propre témoignage, était ce joueur plus pudique. Plus prosaïquement, il habitait à quelques centaines de mètres du tennis et préférait prendre une douche chez lui.

La scène terrible où les quatre amis se disputent débute par un différend sur un service. Alors qu'en général Bouly et Daniel (Claude Brasseur) jouent ensemble, cette fois Daniel fait équipe avec Étienne (Jean Rochefort) alors que Simon se retrouve avec Bouly.

Il est vrai que jouer avec un casque sur les oreilles pour ne pas être assourdi par les avions qui passent au-dessus de la tête de nos amis n'est pas très pratique (« On te l'a hurlé [qu'il y avait faute], mais il y avait le Paris-Istanbul qui passait » ; « Quoi, ça m'étonne qu'elle soit mauvaise, elle est pleine ligne » ; « Qu'est-ce qu'il dit ? » « Ils perdent alors ils contestent »). Daniel est assez satisfait de voir qu'il a réussi à faire sortir Bouly de ses gonds. Est-ce une sourde revanche ? Bouly est ulcéré : « Tu vas voir à chaque fois que je vais faire un point, ils vont trouver un truc ! »

Le sport est aussi un formidable prétexte pour Dabadie de mieux dépeindre le caractère de ses personnages.

L'ego d'Étienne (Jean Rochefort) se révèle indirectement par le tennis. Alors qu'il accueille un des enfants de Bouly que Marie-Ange leur a laissé pour une nuit[1], ce dernier a l'idée étrange de lui dire « À ce qu'il paraît qu'au tennis, vous smashez comme une patate ? », ce qui provoque la fureur d'Étienne. Mais le petit Bouly insiste : « Parce qu'il paraît que vous voulez toujours smasher, mais que malheureusement, vous smashez comme une patate. » Étienne essaie de se contenir. « Qui est-ce qui t'a dit cela, petit bonhomme ? » lui demande-t-il. La réponse est sans ambiguïté : « Mon

1. Ce qui permet de mesurer l'excellent niveau en anglais d'Étienne et Marthe : « *You are not... au courant ?* » ; « *Where is she Marie-Ange ?* »

père, il vous bat chaque fois qu'il veut. » Marthe (Danièle Delorme) comprend que cela va s'envenimer : « Allons Étienne, c'est ridicule, embrasse-le et viens. » Étienne l'embrasse, mais ne peut s'empêcher de lui glisser un discret « Connard ! » en le bordant.

Simon (Guy Bedos) demeure toujours aussi pessimiste et hypocondriaque et Étienne toujours aussi sentencieux : ainsi lorsque Étienne demande à Simon de ne pas lober, ce dernier est étonné d'apprendre que son ami considère qu'il lobe trop court. Évidemment, Simon rate un coup de façon impressionnante et Étienne lui demande des explications sur ce qu'il a voulu faire : « Une sorte de lob lifté ! » se voit-il répondre. Ce à quoi le toujours très sérieux et sentencieux Étienne lui rétorque : « Tu n'as jamais su lifter et je t'ai demandé personnellement de ne pas lober cette semaine. »

Simon est de toute façon en permanence à chercher des excuses pour une défaite qu'il juge inéluctable : « Je suis pris à contrepied, ils parlent tout le temps… Bah quoi t'es marrant. Ça dérègle ! Moi je parle pas. » Enfin, presque comme un soulagement : « On va paumer ! »

Dabadie a aussi évoqué le tennis dans un sketch écrit en 1975 pour Sophie Daumier, *Wimbledon*, dans lequel une championne française vient de se faire étriller par une joueuse polonaise inconnue : « La présence du filet m'a beaucoup gênée. Le filet est un gros gros handicap pour les joueuses françaises. Sans le filet, je l'humiliais. »

De plus elle a une solution idéale pour gagner des compétitions : « Le jour où les joueurs français seront meilleurs que les joueurs étrangers, nous reprendrons la coupe Davis. »

La boxe

Ce sport populaire par excellence n'est pas, *a priori*, l'apanage du très bourgeois Dabadie. Il en fait toutefois le sport de Jean, dans *Vincent, François, Paul et les autres*.

Dans les années 1970, les combats de boxe sont entrés dans les salons des Français grâce à la télévision. Le combat entre Mohamed Ali et George Foreman en 1974 est considéré comme le combat du siècle. Le Français Jean-Claude Bouthier est champion d'Europe entre 1971 et 1974, et le film *Rocky* sort en 1976.

À cette époque, la boxe est surtout pratiquée dans les milieux défavorisés : les clubs parisiens sont tous implantés dans les quartiers populaires. Tous les champions sortent de ces milieux et la boxe demeure souvent associée à la pègre, aux paris clandestins, à la mafia et surtout à la violence. Mais ce sport connaît curieusement un essor spectaculaire depuis les années 2010. En 1969, la France comptait 800 licenciés et 12 clubs. Ils sont aujourd'hui près de 60 000 pour 810 clubs ! Il est donc logique que ces scènes de boxe parlent au public d'aujourd'hui.

Jean a été amené à ce sport par son frère Simon, qui boxait aussi comme amateur, mais qui ne frappait pas assez fort. Il s'entraîne régulièrement dans une salle et une large partie de l'intrigue pour ce qui le concerne va tourner autour d'un combat qu'il doit mener contre un certain Catano. L'idée de ce match n'intervient qu'à partir du moment où Vincent connaît des difficultés, comme si Jean, en bon fils adoptif, voulait partager un combat avec son père putatif, voire lui montrer qu'au milieu de difficultés immenses le fils peut dépasser le père.

Jean lui annonce le projet d'un combat avec Catano au restaurant lorsque Vincent demande à son comptable la réalité des comptes de son entreprise. Vincent est inquiet, car Catano a une forte réputation. Le maquignon qui sommeille en Vincent réagit toutefois rapidement : « Ils te payent combien pour faire cela ? » La somme est importante : 6 000 nouveaux francs (600 000, comme le dit rapidement Jean pour mieux faire comprendre la réalité de la somme à Vincent[1]).

Jean est lucide : il sait que ce combat sera dur et que Catano est nettement plus fort et expérimenté que lui : « Ils me le proposent, car ils ne trouvent personne. » Il sait aussi que son manager a tout intérêt qu'il accepte puisqu'il est l'organisateur du combat. Vincent est séduit par l'importance de la somme, mais il hésite. Il a par ailleurs d'autres chats à fouetter.

Le débat sur le match contre Catano va reprendre entre Vincent, François Paul et Jacques alors que ces derniers réparent la cabane qui a brûlé au début du film. Paul, bien que propriétaire de la maison, laisse ses amis réparer la cabane pendant qu'il lit le journal. Il a retrouvé le pedigree de Catano : 27 ans, mi-lourd,

1. La référence aux anciens francs n'est absolument pas étonnante en 1974, même si les nouveaux francs furent instaurés le 1er janvier 1960. Dans les milieux ruraux et populaires, compter en anciens francs était encore une pratique réelle jusque dans les années 2000. L'auteur se souvient de l'anecdote d'une personne de plus de 50 ans qui, juste avant le passage à l'euro au 1er janvier 2002, affirmait qu'elle convertirait dans sa tête directement des anciens francs à l'euro ! Les anciens francs permettaient sans doute de se sentir plus riche et en même temps d'éviter des dépenses car les sommes paraissaient plus importantes.

38 combats chez les professionnels, 32 victoires dont dix-huit avant la limite. À Barcelone, il bat Mano Rodriguez par K.-O. à la troisième reprise. Un beau palmarès !

Vincent et Paul s'opposent à François. Paul considère que Jean ne doit pas signer son contrat, car le combat est trop déséquilibré, cela va être un massacre. Mais Paul est gentil. Il ne veut pas vexer Jean : « Il est très bon, c'est un styliste tu vois. Mais l'autre c'est un tueur… Hamdaoui, il a pas fait deux rounds. Sur une civière il est rentré aux vestiaires. C'était un massacre. Il a plus jamais reboxé le mec. »

Vincent n'est pas loin de partager son avis : « Si tu vas boxer contre un type qui te massacre, c'est pas un combat intéressant. » Il veut encore y croire : « Mais c'est quand même pas ça, hein Jean ? » La difficulté est que le discret Jean ne répond pas.

François est aux limites de la provocation. Il a parfaitement compris que le combat était inégal sur le papier. Il essaie simplement de démontrer à ses amis que Jean ne doit pas passer à côté d'une chance : « Non je ne comprends pas. Vous me dites toujours, Jean il est fort, mais il ne trouve pas de combats intéressants. Pas assez pour vivre, c'est pour ça qu'il apprend un métier chez Vincent. » François en rajoute : « Il ne doit boxer que s'il est sûr de gagner, c'est ça ? » et a même décidé d'être odieux : « Quand on se fait payer pour faire un métier, on ne choisit pas toujours. Est-ce que je choisis moi ? » Paul est ulcéré, à juste titre : « Mais la médecine, c'est pas la boxe, merde ! » Quant à Vincent, toujours un peu lâche : « C'est Jean que ça regarde ! »

François est un joueur d'échecs : il avance méthodiquement ses pions, car il veut profiter de cette discussion pour atteindre Paul, qu'il trouve trop médiocre : « Non Jean, je voulais dire que même lorsqu'on a une chance sur mille, il faut la tenter, sinon, on reste en carafe toute sa vie. »

Pour le moment, l'heure est à l'entraînement pour Jean, qui est rejoint par Vincent et Paul. Jamain, l'entraîneur de Jean, a une idée simple : Jean doit empêcher Catano d'utiliser sa main gauche, car comme le dit Paul : « Sans cela, au revoir tout le monde ! »

L'heure du combat est arrivée. Six ans avant *Raging Bull*, Sautet filme une boxe déjà tout en mouvement en cinq reprises. Toutes les émotions habituelles de ce sport vont y passer. Jean est envoyé deux fois au tapis par Catano, qui, de son côté, a été bien sonné à la fin de la cinquième reprise.

Le plus intéressant, ce sont les réactions des supporters de Jean et des autres spectateurs parmi lesquels on distingue d'ailleurs Claude Néron, un des scénaristes de Sautet, notamment de *Max et les Ferrailleurs*, affublé d'une paire de lunettes noires.

Le plus inquiet des trois est Vincent : Jean est comme le fils qu'il n'a pas eu et il a peur que ce combat se finisse en déroute. Il se reproche, alors qu'il sait que Jean a peu de chance de l'emporter, de ne pas l'avoir dissuadé, ce que dit très bien la voix off, qui évoque sa convalescence après sa crise cardiaque : « Très vite, Vincent voulut rentrer à Paris. Pourtant ce qui l'inquiétait, ce n'était plus Catherine, puisqu'elle n'y était plus, ni son travail puisqu'il n'en avait plus. L'inquiétude de Vincent, c'était Jean. Il se reprochait d'avoir laissé Jean accepter ce combat qu'il savait perdu d'avance. »

Il ressent presque physiquement les coups portés sur Jean. Mais il souffre en silence et ne prononce pas un mot, sauf quand il demande à Paul de se taire, car ce dernier, angoissé de nature, semble vaporiser de l'inquiétude autour de lui. À trois reprises, Paul recommande à Jean de rester sur la défensive pour éviter un contre alors que chacun voit que ce n'est pas la solution. L'échange avec un spectateur est symbolique de cet état d'esprit : « Voilà ce qu'il ne fallait pas faire », dit-il après une action offensive de Jean, conclue par un contre de Catano, ce à quoi un spectateur réplique : « Mais c'est comme ça qu'il peut le descendre, c'est pas autrement. » La réponse de Paul ne se fait pas attendre : « Mais soyez pas idiot, regardez, tiens... » Jean vient d'encaisser un direct à l'arcade. Il n'est donc pas étonnant que Vincent, puis François demandent à Paul de se taire d'autant que ce dernier insiste : « On lui a dit, Jamain [son entraîneur] lui a dit. On ne prend pas Catano comme on prend un deuxième série. »

François, comme à son habitude, est plus posé et très froid. Quand Jean encaisse à la première reprise, il rassure : « Attends, ce n'est pas fini. » Puis à la fin du round qui a vu Jean aller au tapis, il note que « Catano aussi a pris des coups ». Lorsque Jean passe à l'offensive sur Catano, François dit à Paul qu'il n'était pas utile de s'inquiéter : « Tu vois ! » Enfin, c'est François, en bon médecin, qui remarque que Catano est blessé à l'oreille et le dit à Vincent.

Le combat se retourne en faveur de Jean. Le pessimiste Paul s'est transformé en Foch : il faut passer à l'offensive à tout prix : « Oh dis donc elle est arrivée celle-là ! Allez Jean, avance, avance ! » L'attitude posée comme toujours de François l'énerve : « Dis-lui quelque chose, toi ! » intime-t-il à son ami. Lorsque Jean sonne son adversaire, Paul déclare de façon très péremptoire « Il ne sait plus où il habite », puis au sujet de Jean : « Là oui, il m'a épaté ! »

En définitive, le plus lucide de tous est Jean. Bien que plus jeune et vainqueur, il a parfaitement compris qu'il devait sa victoire à un accident, d'autant plus qu'il est probable que ce soit lui qui ait blessé irrégulièrement Catano à l'oreille. Il le dit à trois reprises : « Écoutez je suis quand même pas con, parce que s'il avait pas eu la blessure à l'oreille, eh ben... » Pour Jean « c'est pas une victoire, c'est un concours de circonstances » : « Si on refait le combat cinquante fois, je serai battu cinquante fois. Voilà tout. »

Quelques semaines plus tard, Jean retrouve Vincent et lui annonce qu'il part faire un stage de six mois à Bordeaux. Mais le plus important n'est pas là : « J'arrête la boxe, avec toi j'ai appris un métier et la boxe ce n'est pas un métier. En tout cas pas pour moi. Et ça je le sais depuis Catano. »

Dabadie va aussi traiter de la boxe sur un mode humoristique, dans son sketch *Le Boxeur*, écrit pour Guy Bedos en 1975 et qui raconte l'histoire d'un jeune sportif venant de subir un knock-out à la première reprise. À la question d'un reporter sur la déception de sa femme, le boxeur répond : « Elle a surtout été surprise, elle ne m'attendait pas de si bonne heure », après un combat de « deux minutes, neuf secondes, enfin ôtez dix secondes pour le K.-O... » : « D'un côté on est plus vite rentré chez soi, parce que traîner sur un ring et puis au bistrot, c'est pas une solution non plus... Surtout pour un sportif ! »

Ce boxeur a plusieurs problèmes majeurs au regard de ce sport : « J'ai des bras trop petits... autrement pour boxer, faut pas être sorti de Polytechnique... Je vais pas entrer dans des détails anatomiques, mais quand je me protège la tête, comme j'ai des bras trop petits, j'ai le ventre en l'air. »

Ensuite : « J'ai jamais eu d'instincts sauvages... Je refuse la violence... Déjà quand j'étais petit et que mon frère me frappait, j'appelais ma mère ! »

L'équitation

Sport masculin réservé naguère aux militaires, l'équitation est devenue dans les années 1970 un sport plutôt féminin et destiné aux jeunes. Dans les années 1950, l'âge moyen du cavalier se situait autour de la trentaine alors que, depuis les années 2000, la personne type qui monte à cheval est une cavalière de moins de 14 ans. Dans les années 1970, l'équitation est perçue comme une activité onéreuse, réservée à une élite. Elle attire aujourd'hui les classes populaires et moyennes citadines qui ont un revenu compris entre 25 000 et 30 000 euros par an. D'après une enquête du ministère des Sports de 2016, les pratiquants de l'équitation sont issus à 39 % des catégories populaires, à 35 % des catégories moyennes et à 26 % des classes supérieures.

Dabadie écrivait pour ses acteurs et il est certain que la passion de Rochefort pour le cheval l'a conduit à imaginer des scènes où l'on voit l'acteur monter. Cavalier accompli, il ne se fera pas doubler, à la différence d'Anny Duperey – cela se voit un peu à l'écran ! Il témoignera plus tard qu'il est très difficile de jouer au mauvais cavalier quand on excelle dans ce sport. La scène où il saute à cheval au-dessus d'une table de pique-nique d'une famille a été réalisée par Rochefort en personne. Bien que les assurances renâclaient sur cette scène supposée dangereuse, il l'a exécutée lui-même et a demandé à sa propre famille d'y figurer, ce qu'ils ont accepté de bonne grâce.

Étienne (Jean Rochefort) a décidé de remonter à cheval depuis qu'il a appris que Charlotte (Anny Duperey) montait en forêt de Saint-Germain tous les jeudis après-midi. La voix off nous apprend qu'Étienne n'a pas pratiqué l'équitation depuis vingt ans puisque ses bottes ont été achetées l'année du retour au pouvoir du général de Gaulle, en 1958. Selon Étienne, il n'existerait aucune relation entre les deux événements ! La pratique de l'équitation n'étant qu'un prétexte pour retrouver Charlotte, il n'est pas étonnant qu'Étienne montre quelques difficultés, d'autant qu'il avoue de façon bonhomme que ce sport « s'est soldé par une rupture entre ce genre de bête et [sa] personne ».

Le premier cheval qui vit Étienne demeure « intrigué » et ce dernier souhaita vivement que « sa monture le ménage ». Il n'empêche que l'équidé avait « un caractère joyeux [qui] égara ses recherches ». De même, « curieusement, cet animal semblait s'attacher à [son] problème allant jusqu'à faire le guet derrière les vestiaires ». Étienne est lucide : il faisait « des progrès en dents de scie ».

Sa rencontre avec Charlotte galopant sur son cheval est curieuse et laisse un sentiment de malaise tant la différence est grande entre les deux. Étienne tente de séduire Charlotte en complimentant son cheval jugé « de toute beauté ». Surtout, on voit bien la très sensible différence de niveau hippique entre les deux : Étienne n'arrive pas à maîtriser son cheval, bouscule Charlotte, qui en fait tomber sa cravache, n'arrive pas à se remettre en selle et est contraint de partir à la suite de l'emballement de sa monture. L'art de Dabadie est de suggérer l'artificialité de la relation entre Étienne et Charlotte, son caractère « *fake* », dirait-on aujourd'hui.

Dabadie a aussi évoqué l'équitation dans son sketch *Dernier dans la première*, écrit pour Guy Bedos. Un jockey, à l'arrivée d'une course, témoigne : « Ils me font rire. Il faut bien qu'il y en ait un qui finisse dernier, non ? Et d'abord ce n'est pas le jockey qui court, c'est le cheval... Quand même... ils me font rire... Je suis pas dans le tiercé, bon, on va pas en faire une maladie... et la noble incertitude du sport ? »

Selon lui, tout est la faute du cheval : « D'abord Phénomène II, je sais pas ce qu'il a ; mais il peut pas me supporter... C'est pas que ce soit la mauvaise bête, mais enfin, voilà un cheval qui n'aime pas qu'on lui monte dessus... Dès qu'il me sent sur son dos, il fait des... des zigzags... il me cherche... et puis il refuse de ralentir dans les virages, ça fait plus sport je dis pas, mais regardez dans quel état je termine... »

4

La bagnole

La voiture – l'auto, comme disait le général de Gaulle dans son célèbre entretien avec Michel Droit de 1965[1] – tient une place très importante dans les films écrits par Dabadie.

L'automobile est au centre de l'intrigue des *Choses de la vie*, à travers l'une des plus célèbres collisions de l'histoire du cinéma français. Elle tient un rôle prépondérant dans *César et Rosalie*, car elle est le prolongement de la personnalité de César. Elle est tout aussi présente dans *Un éléphant ça trompe énormément* et *Nous irons tous au paradis*.

N'est-cc pas normal ? Dans les films écrits par Dabadie, les voitures tiennent une place essenticlle car l'automobile dans les années 1970 est une importante préoccupation pour la population. D'une part, grâcc aux Trente Glorieuses, tous les Français peuvent désormais accéder à des modèles bon marché quoique rustiques (la célèbre 2CV ou la 4L) et d'autre part, l'automobile est un symbole de liberté, de virilité et

1. « La maîtresse de maison, la ménagère, elle veut avoir un aspirateur, un Frigidaire, elle veut avoir une machine à laver et même si c'est possible qu'on ait une auto. »

d'indépendance. Le président Pompidou aimait régulièrement se faire conduire dans Paris la nuit, notamment sur les quais. Son prédécesseur, quand il résidait à Colombey, faisait une promenade en voiture dans les alentours quand il pleuvait. On est loin de l'actuelle et insupportable culpabilisation permanente des utilisateurs d'une voiture, oubliant au passage son caractère totalement indispensable dès que l'on ne réside pas dans les centres des grandes métropoles.

Accidents

L'accident de Pierre (Michel Piccoli) dans *Les Choses de la vie* n'est pas prophétique : il est tristement en phase avec la société française de cette époque. Claude Sautet le dira fort bien (« Dans les années 1970, la voiture est l'instrument moderne du destin »), même si dans ce film, selon Sautet, « pour Pierre, l'accident est presque une solution ». En 1960, on dénombre 8 800 morts d'accidents sur les routes françaises. Le chiffre passe à 17 000 morts en 1972, soit près de 50 décès par jour, ce qui constitue un pic jamais encore dépassé, fort heureusement. Ce chiffre redescend à 12 000 en 1978. Il est aujourd'hui de 3 000, ce qui équivaut à un formidable progrès, même si ce niveau demeure toujours trop élevé.

Sous la plume de Dabadie, Pierre n'est pas le seul à se tuer dans un accident de voiture. Un personnage de *César et Rosalie* qu'on ne voit pas dans le film va également en être victime. C'est Emmanuel, l'homme pour lequel Carla, sœur de Rosalie, allait quitter son mari. Rosalie (Romy Schneider) l'apprend au téléphone le soir de la noce de sa mère, pendant la partie de poker de César. Ce dernier ne manifeste qu'un intérêt très limité pour cette nouvelle dramatique. Après avoir qualifié le défunt de « pauvre vieux », il assène un très enthousiaste – et déplacé – « Tu verras dans quinze jours, Carla, elle rigole », en direction de Rosalie, ce qui lui vaut un cinglant : « Tu devrais lui dire au téléphone. » Cet échange est clé dans l'intrigue, car il agit comme un déclic pour Rosalie quant à la rusticité de César en comparaison du mystère de David (Sami Frey). Après cet échange, Rosalie quitte l'appartement de César pour errer au drugstore Publicis avant d'aller retrouver David dans son atelier.

Ces accidents dramatiques, dont celui de Pierre, ne sont pas des surprises. On est étonné d'apprendre aujourd'hui que, jusqu'en 1973, il n'y avait guère de limitation de vitesse en France en dehors de quelques expérimentations sur certaines portions qui faisaient l'objet de nombreuses récriminations et interventions politiques. Il faut attendre le 12 juin 1973 pour que la vitesse sur route soit limitée à cent kilomètres-heure puis, le 1er décembre de cette même année, à quatre-vingt-dix kilomètres-heure. On se rappelle le tollé, voire la révolte d'une large partie de la population, presque cinquante ans plus tard, quand le gouvernement décida de limiter la vitesse sur les routes à quatre-vingts kilomètres-heure. Pour sa part, l'autoroute ne connaissait aucune limitation au début des années 1970 ! En septembre 1974, avec la nécessité de faire des économies d'énergie, la vitesse sera réduite à cent trente kilomètres-heure. Ne parle-t-on pas aujourd'hui de limiter la vitesse sur autoroute à cent dix kilomètres-heure ?

Dans le même esprit, le port de la ceinture de sécurité n'est obligatoire que depuis le 1er juillet 1973. Cette dernière aurait certainement sauvé la vie de Pierre dans *Les Choses de la vie*. Il n'aurait pas été éjecté de sa voiture, ce qui provoqua de multiples lésions qui finirent par le tuer.

Il n'est donc guère étonnant de voir Pierre, déjà en retard pour avoir traîné sur la route de Rennes, rouler à tombeau ouvert sur le petit chemin de campagne, ce qui provoquera l'accident fatal. Ce dernier est exclusivement dû à la vitesse. Certes, la bétaillère conduite par Boby Lapointe est bien en panne au milieu de la route, mais une allure raisonnable aurait permis de s'arrêter avant. C'est parce qu'il conduit trop vite que Pierre tente une manœuvre audacieuse, qui manque de réussir comme le précisera un témoin, mais au dernier moment, l'aile de la magnifique Alfa Romeo Giulietta Sprint heurte le camion et la voiture part dans son embardée fatale.

Un autre drame de la route sera évoqué par Dabadie dans la chanson *L'Accident*, qu'il a écrite pour Régine, même si l'héroïne de l'histoire semble, au départ, minimiser les faits : « Et toi, imbécile, ce n'est rien, qu'un peu de terre sur le visage. » D'une certaine manière, on a le sentiment que Dabadie raconte en chanson l'accident des *Choses de la vie*.

En effet, la situation s'aggrave, strophe après strophe :

Et nous voilà dans l'auto blanche,
Et la nuit vient
Tais-toi imbécile tout va bien.

À l'instar de Pierre Bérard :

Il y a des flics et des sirènes,
Qui nous emmènent dans la ville.

La victime vient d'arriver à l'hôpital et est prise immédiatement en charge :

Je ne lâche pas ta main
L'auto s'arrête on t'emporte
Ils me disent de t'attendre à la porte.

Pourquoi ne peut-elle entrer et l'accompagner ? Hélas, une épouvantable nouvelle l'attend :

Mon pauvre amour, mon amour
Ne dites rien
Ne dites rien

Un accident mortel va être évité de justesse dans *César et Rosalie* pour César (Yves Montand), accompagné de David (Sami Frey), de retour de Noirmoutier après le départ de Rosalie. César conduit à une vitesse déraisonnable, ce que lui fait remarquer David qui va se jeter sur le volant pour empêcher que le véhicule se précipite dans le fossé.

Imprudences

César est de toute façon déjà un miraculé de la route. Furieux d'être doublé par David en chemin pour la réception du mariage de la mère de Rosalie, il le dépasse brusquement, s'attirant un regard moqueur de Rosalie, qui répond « Rien » à son interrogation vaguement agressive. On observe avec délectation le tempérament dominateur à l'excès de César, qui ne connaît pas encore David. La rivalité en tant que telle entre les deux hommes n'a même pas commencé ! César ne supporte pas, tout simplement, d'être dépassé en voiture par quelqu'un, comme si la route était le symbole de la vie. Attitude fort masculine, diraient certains. Alors qu'il accélère pour empêcher David, dans sa petite Autobianchi jaune, de le doubler, il est saisi par une manœuvre de ce dernier : David prend un raccourci pour passer devant lui, ce qu'il réussit de justesse, obligeant César à piler pour ne pas le percuter. À nouveau, Rosalie le regarde avec un mélange d'agacement et d'inquiétude. César n'arrive plus à le dépasser et il livre alors à Rosalie de pauvres explications empreintes de mauvaise foi : « Tiens, il a pas vu le panneau de limitation de vitesse, je voudrais qu'il y ait des guignols[1]. » César est un obstiné et un orgueilleux. Aveuglé par le désir de montrer à David qu'il est le plus fort, il se livre à une manœuvre folle, le doublant en plein virage sans voir qu'une voiture arrive en face, pleins phares et en klaxonnant, face à cette immense imprudence. César n'a plus de solutions : il sort brutalement de la route et arrête sa Plymouth Sport Fury dans un champ. Rosalie est légitimement hors d'elle d'autant que César, un peu secoué, arrive encore à se féliciter : « Oh la vache, heureusement que j'ai de bons réflexes ! » Rosalie (Romy Schneider) est furieuse face à cet excès de testostérone qui aurait pu tuer sept personnes, dont trois enfants (Marité et deux enfants plus jeunes). Malgré cela, César n'a rien perdu de sa

1. Dabadie aime cette expression surannée qui désigne les gendarmes. On l'entendra à nouveau cinq années plus tard dans *Nous irons tous au paradis* quand les copains se retrouvent de nuit dans la décapotable de Bouly (Victor Lanoux), sur une route déserte, arrêtés par un feu solitaire : « Pourquoi, il s'arrête au feu, espèce de lâche », lance Simon (Guy Bedos) quand Daniel (Claude Brasseur) insiste : « Allez avance, veux-tu, faut que je me couche tôt parce que demain je me lève tard. » Mais Bouly rétorque : « C'est ça et si y a un guignol dans le coin, retrait de permis les mecs ! »

superbe. Dabadie joue un coup de génie en permettant à César de se sortir avec les honneurs de cette situation à la fois grotesque et potentiellement dramatique. Les explications sont empreintes de mauvaise foi : « Les types sont venus au milieu de la route [ce qui est faux, car il lui suffisait de ne pas doubler dans un virage]. Alors je me suis dit, si je me rabats, c'est les mômes qui vont dans le décor. Alors petit coup de barre à gauche, petit dérapage contrôlé, le talus et hop par ici la sortie. » César ne peut admettre avoir commis une erreur. Il poursuit : « Mais il faut être très fort pour faire cela. » Rosalie demeure horripilée, c'est donc très agacée qu'elle dit : « Il est fort », auquel répond un magnifique « Ah oui » de David, dont César ne perçoit à aucun moment l'ironie. Croyant être ainsi félicité, César décide d'accroître son avantage et de faire de la surenchère dans la mauvaise foi. Après tout, comme le dit l'adage populaire, « plus c'est gros, plus ça passe... » : « Oui, mais un peu plus et on ne riait pas. Car moi si j'ai fait une connerie, le type qui venait en face, il faut qu'il soit vraiment dingue pour rouler à l'allure qu'il allait. » Merveilleux dialogue et merveilleux talent de réussir à retourner une situation. Mais Dabadie ne veut pas laisser le triomphe à César. Ce dernier ressort le même discours sur « les mômes qui vont dans le décor » à ses frères venus aux nouvelles, très inquiets, et qui dévalent le champ en pente. C'est finalement un chien qui arrête sa péroraison en lui sautant dessus, comme si seul un animal pouvait avoir l'intelligence de considérer que César était décidément trop cabot. Mais il n'est jamais vaincu. Il se met à vitupérer après tout le monde avec sa faconde habituelle : « On va réveillonner ici maintenant ? Qu'est-ce que vous foutez là ? » Dabadie aime son personnage et veut lui laisser sa splendeur. Alors qu'un de ses frères tombe dans le champ en remontant vers son véhicule, ne voit-on pas César gesticuler comme un beau diable en criant : « Et voilà et voilà » suivi d'un « Tu es propre maintenant. Tu me fais honte » ? Avoir taché son costume semble bien plus grave que la potentielle mort de dix personnes due à l'imprudence et à l'orgueil de César. En repartant vers la route après avoir saccagé le champ du pauvre agriculteur – sans jamais songer à s'excuser ou à réparer le dommage –, César s'adresse de façon muette à Rosalie d'un ton charmeur et apaisé. Il a échappé de justesse à une colère on ne peut plus méritée de sa compagne. Rosalie n'aime pas les voitures[1].

Le prolongement de la personnalité

Dans *César et Rosalie*, les voitures vont changer tout au long de l'intrigue, symbole des évolutions des personnages et notamment de César. Lorsque ce dernier rejoint contre toute attente Rosalie à Sète, où elle vit désormais avec David, il a abandonné sa Plymouth Fury, au profit de la nouvelle Citroën SM, qui est, en 1972, la nouveauté de la marque aux chevrons. Il le fait d'ailleurs lourdement remarquer dès les premiers échanges avec David et Rosalie : « Tu as vu la voiture ?

1. Et Dabadie ne peut s'empêcher de faire un clin d'œil à l'actrice qu'il aime, à qui il fait dire qu'elle accepte de raccompagner à la gare une parente éloignée, à la noce de sa mère, en disant « Amène-moi les clés de Jérôme, je ne sais pas conduire l'autre ! » : Romy, dans la vie, n'avait pas son permis de conduire !

J'ai changé. Ah oui, c'est fini les grosses, terminé. » L'automobile est bien le prolongement de la personnalité de son propriétaire. Puisque César se considère comme plus apaisé, calme et tranquille, il abandonne la tapageuse voiture américaine au profit d'une auto moderne, rapide, nerveuse, qui lui a permis de faire Paris-Sète en une nuit. Mais, comme par hasard, la SM est fragile : alors qu'il espère emmener David avec lui à Noirmoutier, un caillou fait exploser le pare-brise, obligeant ces derniers à prendre l'Autobianchi jaune de David. Celui-ci n'a pas le même orgueil que César. Il le laisse conduire sa voiture pour arriver à Noirmoutier, ce que jamais César n'aurait fait avec un de ses véhicules.

À Noirmoutier, César utilise la 504 break bleu clair, *a priori* celle du nouveau mari de la mère de Rosalie, robuste modèle probablement diesel, capable d'avaler les kilomètres, et une très rustique 4L pour les déplacements domestiques dans l'île. Début de modestie ? En tout cas, quand César part un soir pour Poitiers, dans une colère sourde après l'indifférence de Rosalie, il fait rugir le moteur de la pauvre 504 en dérapant dans le sable.

Dabadie excelle à utiliser les différents modèles de voiture dans ses dialogues. C'est ainsi que l'on retrouvera largement dans ses films la DS, véhicule présidentiel par excellence, qui sera mitraillé lors de l'attentat du Petit-Clamart de 1962. Chez Dabadie, la DS n'est pas une voiture qui appelle à l'optimisme. C'est en DS que Vincent dans *Vincent, François, Paul et les autres* est évacué vers l'hôpital à la suite de sa crise cardiaque. C'est dans ce même véhicule que Lino Ventura fuit éperdument dans *Le Silencieux*. Les ferrailleurs de Max cherchent une DS pour commettre le casse qui leur sera fatal.

Il faut aussi des symboles post-soixante-huitards ! Le fils de Paul, dans *Vincent, François, Paul et les autres*, qui annonce que « ça va pas durer, faut que ça saute quelque part », est propriétaire d'une magnifique Coccinelle rouge, véhicule supposé révolutionnaire, ce qui impose d'oublier que cette voiture est l'héroïne de plusieurs films du très américain et conformiste Disney.

Par ailleurs, certains dialogues sont le témoin d'une époque que les moins de 50 ans ne peuvent pas connaître ! Il faut être un vrai boomer pour se rappeler la blague de la tête de Delco enlevée qui empêche la voiture de démarrer. Vincent, en quittant la maison de Paul avec toute la bande dans *Vincent, François, Paul et les autres*, n'arrive pas à faire démarrer son véhicule. Il ouvre son capot, voit que la tête de Delco a été débranchée et ironise très fortement en remarquant la finesse de la blague ! « Tiens, je ne veux même pas savoir qui c'est », conclut-il avec panache.

Dans une histoire simple, le fils de Marie achète une voiture d'occasion pour partir en vacances en Espagne. Cela ne choque ni son père ni sa mère et pas davantage Serge, l'amant de Marie, qui va l'aider à restaurer le véhicule. Sa seule réussite est de déclencher le klaxon de la voiture qui sonne sans discontinuité, déclenchant l'ironie de ses proches.

Enfin, les voitures jouent un rôle tout particulier dans le diptyque *Un éléphant ça trompe énormément-Nous irons tous au paradis.*

Le début de ces deux films se déroule en voiture, signe que cette dernière avait encore gardé en cette fin des années 1970 une place tout aussi importante.

Un éléphant ça trompe énormément commence dans le parking d'un ministère alors qu'Étienne Dorsey gare sa voiture. Et c'est depuis sa 504 qu'il aperçoit Anny Duperey passant au-dessus d'une bouche d'aération, réveillant en lui un démon de minuit particulièrement titillant. L'introduction de *Nous irons tous au paradis* retrouve les quatre amis dans la voiture décapotable de Bouly, sur une route déserte de campagne.

Cette célèbre décapotable va permettre le développement de dialogues savoureux et d'une situation cocasse. Naturellement, l'un des amis, Daniel en l'occurrence, va ouvrir le toit du véhicule en pleine nuit pour faire une blague alors qu'il commence à pleuvoir. Les dialogues qui s'ensuivent sont totalement dabadiesques : « Qui c'est qui veut bronzer ? – Ah t'es con, ma permanente ! – Fais gaffe les fauteuils, c'est presque du cuir. » La verve donnée par Dabadie dans les dialogues entre les personnages est exceptionnelle. D'abord entre les deux hommes du peuple, Bouly et Daniel, qui rivalisent de gouaille : « J'ai peut-être pas fait Sciences Po, mais je sais pousser un bouton, là » ; « Dépêche, dépêche, c'est l'autre là, s'il se dépêchait d'être un peu moins con » ; « Oh, maman, tu ne vas pas nous faire une dépression nerveuse ». Simon et Étienne sont ravis de montrer leur différence sociale dans cette affaire : « Nous, on a rien fait. On aide, alors qu'on est des intellectuels » ; « Toi t'as ta veste – Oui, mais c'est du cachemire, et quand ça mouille, ça crêpe. »

5

L'architecture des années 1970

Dabadie s'intéresse à l'architecture. Une scène des *Choses de la vie* est très éclairante à ce titre.

Pierre Bérard (Michel Piccoli) est un brillant architecte qui a reçu une commande d'un certain Wilkinson pour construire un ensemble de bâtiments. Mais l'adjoint de ce Wilkinson (Roger Crouzet) veut des box pour les voitures en surface, ce qui permet d'en proposer davantage : « Comme vous savez, on peut très bien faire trente box de plus en surface, sans que vos immeubles s'écroulent. D'ailleurs, la publicité est partie, les immeubles sud et sud-est sont livrés avec box, ce qui permet de les changer de catégorie. »

Pierre Bérard ne manque ici pas de courage. Très calmement, il note : « Ça ne me paraît pas possible… Vous n'avez qu'à regarder les plans. » L'adjoint de Wilkinson ne s'en laisse pas conter et tente un argument d'autorité : « Vous voulez rire, c'est décidé. » Pierre explose : « Moi tant que je serai là, si je vois une cage à lapin sur la pelouse, je la fous par terre. C'est vous qui habiterez ici ? Non. Moi je vais aller chez vous et je vais faire passer le tout-à-l'égout sous vos fenêtres. On verra votre gueule. Si vous faites passer la publicité d'abord et les plans après, ça vous regarde. Moi je m'en fous. »

Cette sortie d'un Pierre Bérard hors de lui est très intéressante, car elle est aussi un marqueur de la société des années 1970, où l'expansion urbanistique et l'appât du gain semblent aller de concert. Pas loin d'un million de logements sont construits entre 1953 et 1973. Symbole de progrès et de modernité, ils permettaient à des familles modestes de bénéficier à la fois d'espace suffisant et du confort moderne : eau courante, sanitaires, jardins et parkings... Une scène de *Vincent, François, Paul et les autres* semble stupéfiante de nos jours : dans l'appartement de Jean (Gérard Depardieu) et Colette (Catherine Allégret), que l'on devine proche de l'insalubrité, on voit que pour rincer les cheveux de de Colette qui a fait un shampoing, il faut lui verser une casserole d'eau chaude sur la tête, pratique encore courante dans les années 1970, où tous les appartements n'avaient pas forcément une salle de bains.

Mais ces immeubles construits trop vite se dégradent très rapidement et la circulaire Guichard de mars 1973 met fin à la construction de ces grands ensembles. Dès 1977, des programmes de réhabilitation seront entrepris. Il faudra toutefois attendre les chocs pétroliers de 1973 et 1979 pour obliger les architectes à réfléchir aux questions d'autosuffisance, de performance énergétique et d'impact environnemental. La première réglementation thermique qui a pour objectif de réduire la consommation énergétique naît en 1974 ! *Les Choses de la vie* datent de 1970. Une fois de plus, Dabadie a eu de l'avance sur son temps.

Pour autant, est-ce que la société a réellement évolué de nos jours ? Il faut espérer que la prise de conscience du dérèglement climatique fasse également évoluer les mentalités, s'agissant de l'architecture. En ce sens Pierre Bérard est futuriste, car il veut « que les gens qui regarderont par la fenêtre [voient] des jardins et non pas des parkings ».

6

Les maisons de campagne

Les maisons de campagne tiennent une place très importante dans l'œuvre de Jean-Loup Dabadie, ce qui n'est pas très surprenant : elles sont le symbole de la convivialité et de l'amitié. Mais elles cachent aussi des souffrances profondes...

On retrouve ces lieux privilégiés dans quasiment tous les films avec Sautet. La source de l'inspiration est évidente : le moulin de Guéville, magnifique propriété appartenant à Yves Robert et Danièle Delorme, situé dans les Yvelines et qui fut le théâtre de nombreuses agapes entre les familles Robert, Dabadie, Sautet et bien d'autres amis.

Que représente une maison de campagne pour Dabadie ? D'abord une certaine réussite bourgeoise, à l'instar des personnages qu'il nous dépeint avec son génie intemporel. Ces bourgeois qui viennent dans les maisons de Paul (Serge Reggiani), de César (Yves Montand) ou de Jérôme (Roger Pigaud) pourraient tout aussi bien provenir du milieu du XIXe ou du début du XXe siècle, car la maison de campagne est d'abord un symbole de réussite, celle du propriétaire terrien.

Méfions-nous toutefois des idées préconçues. D'abord les maisons de campagne ne sont pas si rares et leur nombre progresse rapidement tout au long des années 1970. Elles sont un peu plus de 2,2 millions en 1968, représentant 6,7 % des logements en France, et passent graduellement à 7,9 % en 1975 et à 9,6 % en 1982.

En 1973, les maisons de campagne étaient aussi bien le fait de milieux à revenus modestes que des classes aisées. Les ouvriers, employés et retraités modestes représentaient plus de la moitié des propriétaires des résidences secondaires rurales.

La situation a radicalement changé de nos jours : en 2018, les maisons de campagne sont aujourd'hui majoritairement détenues par des retraités aisés. De même, si dans les années 1970, neuf propriétaires sur dix achetaient une résidence secondaire pour l'occuper pendant leurs jours de congé, les deux tiers des acquéreurs en 2020 louent leur maison de campagne une partie de l'année pour couvrir leurs frais.

Typologie des maisons de campagne chez Dabadie

Ces maisons de campagne ont chacune leurs caractéristiques. Celle de Paul (Serge Reggiani) et Julia (Antonella Lualdi) se situe en pleine campagne, en grande banlieue parisienne. On ne sait pas si elle est la résidence principale du couple ou si elle n'est utilisée que le week-end. Quand tous les amis partent le dimanche soir, Paul continue à travailler toute la nuit et s'endort sur sa machine à écrire.

Celle de Jérôme (Roger Pigaut) et Gabrielle (Arlette Bonnard) dans *Une histoire simple* traduit l'investissement d'un cadre supérieur à qui un avenir brillant était promis et qui a souhaité marquer ainsi sa notoriété naissante. Elle est située à « La Ferté », nom de ville assez courant en France, mais probablement en Seine-et-Marne, car Claude Sautet avait une maison de famille à La Ferté-sous-Jouarre.

Celle de César (Yves Montand) à Noirmoutier[1] est le coup de tête d'un homme riche pour essayer de reconquérir Rosalie (Romy Schneider). César a caché habilement la photo de la maison au milieu de documents qu'il va demander à Rosalie de traduire et il lui demande ingénument : « Tiens tu reconnais, c'est la maison ? » Évidemment Rosalie en est sûre et elle dit à David : « C'est là où on a passé tous les étés avec Carla, quand on était petites. » César pousse son avantage : « Je l'ai achetée », répond-il, ce qui permet de voir un magnifique gros plan sur une Romy intensément surprise. César ne se cache pas d'avoir fait de cet achat une stratégie de reconquête de Rosalie. Cette dernière a toutefois compris que la manœuvre est vouée à l'échec, ainsi qu'elle l'écrit : « C'est une maison qu'on avait oubliée. Carla dit qu'elle se rappelait la couleur des volets. Moi je suis sûre que ce n'est pas la même. Mais tu sais comment sont les choses qu'on aime, on a beau les repeindre... »

La maison acquise par les compères de *Nous irons tous au paradis* est un vieux rêve de quatre amis qui sont réunis par le tennis et voudraient acheter une résidence secondaire où ils pourraient assouvir leur passion. Pour autant, il n'est pas certain que cet investissement ait été une bonne affaire malgré les multiples « C'est

1. Elle est située face à la plage du Mardi-Gras, à proximité du village du Vieil, au nord de Noirmoutier-en-l'Île.

pas cher » de Simon. L'idée de cette maison en bout des pistes de l'aéroport de Roissy et achetée un jour de grève des contrôleurs aériens est peu crédible. Pour autant, ce nouvel aéroport vient d'ouvrir en 1974 pour faire face à la saturation d'Orly. Il porte le nom de Charles de Gaulle, qui était président de la République quand sa création fut décidée, en 1964. Sa construction a fait l'objet de multiples mouvements de protestation de la part des agriculteurs expropriés, des communes avoisinantes et des habitants du Val-d'Oise. Il est assez peu probable au vu de la situation de la maison que cette dernière n'aurait pas été expropriée et détruite, permettant au propriétaire d'empocher de confortables indemnités. Dabadie et Yves Robert ont eu l'idée de cette histoire après avoir entendu celle, plus ou moins légendaire, d'un Anglais à qui on avait présenté un immense terrain à l'île de Ré qu'il avait immédiatement acheté, sans vérifier qu'à marée haute il ne disposait plus que d'un espace résiduel.

L'achat est rocambolesque. Bouly a trouvé, grâce à un notaire, Me Popineau, une maison de campagne avec court de tennis, propriété d'un riche héritier qui part s'établir au Brésil avec son nouvel amour. Il est disposé à vendre « au premier qui se présente » en divisant le prix par quatre, le fixant à 12 millions. Nous sommes en 1978, mais beaucoup de personnes ayant connu l'ancien système comptent encore pour les fortes sommes en anciens francs. La maison coûte donc en réalité 120 000 francs, soit un peu moins de 20 000 euros[1]. Les amis hésitent, mais le notaire a tout

1. En 1978, le salaire moyen net d'un ouvrier est de l'ordre de 1 900 francs (un peu plus de 300 €) par mois, celui d'un cadre moyen

prévu. Il faut juste trouver l'argent. Comme le note Bouly, « trouver l'argent, pour Daniel et [lui] ça va être un peu plus sportif que pour [les deux autres] ». Cela souligne parfaitement la différence de classe sociale entre les quatre amis.

Des maisons modestes...

Les maisons de campagne chez Dabadie ont plusieurs caractéristiques.

En disposer d'une dans les années 1970 pouvait signifier un certain niveau de revenus et montrait l'appartenance à la classe bourgeoise. Pour autant, celles qui sont décrites par Dabadie ne sont ni des palais ni des palaces. La maison de Noirmoutier dans *César et Rosalie* tout comme celle de Paul dans *Vincent, François, Paul et les autres* ne sont filmées qu'en hiver voire au début du printemps, ce qui accentue leur caractère rustique. D'ailleurs, il ne fait pas chaud chez Paul et on voit les convives enfiler moult pulls et chandails.

Même le flambeur César admet la relative modestie de Noirmoutier : « C'est une grande maison, mais c'est assez bizarre parce que de l'extérieur, elle paraît toute petite et tu rentres à l'intérieur, c'est presque un petit Versailles ! »

La maison de Jérôme (Roger Pigaut) à La Ferté, dans *Une histoire simple*, est principalement filmée à la belle saison. Pour autant, quoique accueillante, elle demeure dans son jus et d'ailleurs elle sera vendue à la fin du

de l'ordre de 3 500 francs (moins de 600 €) et celui d'un cadre supérieur autour de 7 300 francs (environ 1 200 €) par mois.

film, après la mort de Jérôme. Ce dernier avait déjà planifié la cession au vu des difficultés économiques à venir du couple.

Quant à celle de nos quatre amis de *Nous irons tous au paradis*, force est de constater qu'elle est plutôt sans confort excessif, avec un mobilier jugé par Daniel (Claude Brasseur) « un peu craignos », ce qui vaut une remise au point de Bouly (Victor Lanoux) : « Pourquoi craignos ? C'est rustique. » D'ailleurs quand le propriétaire arrive, ils vont trouver la maison « pas mal, moyenne, rustique ». Mais elle dispose d'un court de tennis, qui est la raison principale de l'achat. Ce dernier nécessite toutefois d'être restauré. Parlant de la mère du vendeur lors de l'inspection du court, Daniel remarque « qu'elle aurait pu tricoter un filet », car ce dernier part en lambeaux.

Cette maison, située à Neuville[1], est d'abord un moment d'intense convivialité, comme une forme d'acmé de l'amitié entre ces quatre hommes que Dabadie traduit formidablement dans ses dialogues. Toutes leurs préoccupations se sont envolées : quand Étienne dit qu'il est allé téléphoner à Marthe, mais qu'elle n'était pas là, tous les protagonistes éclatent de rire, Étienne le premier, comme si pour la première fois du film cette infidélité qui le taraude n'était qu'une blague.

Les quatre amis boivent du champagne dans des bols, car « les verres sont tous cassés » – un signal ? Bouly a une idée : « Hé les mecs, vous savez ce qu'on

1. Il est fort probable que ce nom de village soit le fruit de l'imagination des scénaristes. Il existe un Neuville situé dans le Val-d'Oise, près de Cergy-Pontoise, mais très éloigné des pistes d'un aéroport et notamment de celui de Roissy.

fait ce soir ? On dort ici. » Étienne remarque qu'ils n'ont pas leurs affaires, ce qui permet à Bouly de lui rétorquer : « Et alors, tu dormiras en combinaison ! » Leur tenue de nuit est très symptomatique : Bouly qui a récupéré la chambre avec lit à baldaquin dort nu comme un ver, Daniel arbore un marcel très ouvrier, Simon et Étienne portent quant à eux des caleçons et T-shirts neutres et unis, très symboliques de leur classe sociale.

… qui rassemblent des tribus…

Les maisons de Dabadie rassemblent des tribus. « On pourra y mettre toute la famille, et puis tous les amis » : voilà le programme de César.

La maison de Noirmoutier dans *César et Rosalie* est pleine d'enfants, notamment Marité (Isabelle Huppert) qui a 16 ans, mais aussi le préado Simon, qui, selon la lettre de Rosalie à David, est amoureux. En attendant, ce dernier se fait houspiller en permanence par la mère de Rosalie, car il n'a pas sorti le ping-pong du garage alors qu'il ne pleut plus. Le pauvre Simon doit aussi déménager pour laisser sa chambre à David. La maison est également occupée par la mère de Rosalie et son nouveau beau-père ainsi que par Carla.

La maison de Paul (Serge Reggiani) est le lieu idéal où se retrouvent Vincent, Paul, François, Jean, leurs conjointes et compagnes et des amis toujours nombreux. On y joue au football dans des conditions improvisées qui rappellent tant l'enfance, on bricole en réparant une cabane qui a brûlé ou on se balade entre amis et en se livrant à des jeux stupides comme sauter sur une planche vermoulue qui enjambe un cours d'eau.

Ces maisons permettent aussi de grandes agapes, même quand elles sont inhabitables, comme celle de *Nous irons tous au paradis*. Là encore, l'inspiration du moulin de Guéville du couple Yves Robert-Danièle Delorme est évidente : « Certains soirs, à l'heure où les avions se font plus rares dans le firmament, nous allions y souper comme dans une maison humaine avec d'autres amis parmi lesquels Bastien[1] et sa femme. » Car on déjeune et on dîne en bande dans les films de Dabadie, de même qu'on y dort. Dans *Vincent, François, Paul et les autres*, Jacques revient à la maison de Paul après une longue absence. La première chose que Julia lui propose est de rester pour la nuit. Dans celles de nos amis de *Nous irons tous au paradis*, il y a même une grande pièce que Bouly « pourra transformer en dortoir pour y faire dormir tous ses petits nains ». « C'est pas des nains, mais des enfants », répond-il.

La maison de Jérôme dans *Une histoire simple* rassemble aussi de véritables tribus qui, à l'instar de la thématique de ce film, semblent relever davantage du matriarcat. On passe son temps à chercher des couvertures et des draps.

… mais qui cachent des fragilités

À bien regarder, toutes ces maisons traduisent la fragilité des personnages de Dabadie. César (Yves

1. Le responsable de la compagnie de théâtre qui présente *Bérénice* et dans laquelle joue Marthe.

Montand) a acheté la maison de Noirmoutier pour essayer de reconquérir Rosalie. Mais il échoue. La dernière scène dans la maison montre Marité, fichu sur la tête, fermant les volets. Quand s'ouvriront-ils à nouveau ? Nul ne le sait, mais il est plus que probable que César la vendra rapidement. Il a un pressentiment lors de la dernière promenade sur la plage en compagnie de Rosalie et de David : « Ah, vous pouvez la regarder, la maison, parce qu'avant longtemps, c'est toute la côte, bah, y aura plus que des immeubles. Remarque, il y en a des beaux ! » C'est aussi la fin d'un monde quand il évoque le pêcheur Émile : « Toute l'année, il sort, Émile, et par n'importe quel temps. Eh oui, c'est un des derniers qui ne vit que de sa pêche. » Chronique nostalgique du temps qui passe.

Dès le début du film, on sait que la maison à La Ferté de Jérôme et Gabrielle (Roger Pigaut et Arlette Bonnard) va être vendue. Trop grande selon Jérôme, mais, dans les faits, son entretien est trop cher pour un homme qui va perdre son travail. On voit à la fin du film Marie, enceinte et sereine, prendre le soleil en compagnie de Gabrielle et de sa mère. Moment de bonheur ? Certainement, mais ô combien fugace !

Nous irons tous au paradis n'est pas qu'une simple comédie. Cette maison achetée dans l'allégresse fait entrer brutalement nos quatre amis en enfer quand ils découvrent que le tennis jouxte les pistes de Roissy : « Le scandale que nous fîmes chez le notaire ne servit absolument à rien. Nous étions devenus légalement et pour pas cher, comme disait Simon, les propriétaires d'une maison inhabitable dont notre homme profitant avec un certain génie des vingt-quatre heures de grève aérienne s'était malhonnêtement débarrassé au profit de quatre innocents. »

C'est à cause de cette maison et de ce tennis où il n'est pas possible de jouer sans un casque antibruit que nos inséparables amis vont se fâcher. Il faudra un drame pour les réconcilier. De toute façon, leur objectif est de vendre cette maison inhabitable. En définitive, seule la maison du fragile Paul ne connaîtra pas un sort funeste.

Conclusion

Pourquoi Dabadie nous manque

Cela fait trois ans que Jean-Loup Dabadie nous a quittés. Cette figure familière des Français nous manque. Il nous a fait rire surtout, mais aussi pleurer et penser. Sans y prêter attention, il nous a aussi fait grandir, car grâce à lui, on comprend mieux cette période où la France était heureuse et forte tout en rentrant dans une crise grave. Grâce à lui on peut atteindre les mystères de l'âme humaine, ses forces, ses faiblesses, ses lâchetés, ses bêtises, bref tout le sel de l'existence.

Seul un grand écrivain sait parfaitement décrire une époque. Seul un grand écrivain sait comprendre l'homme. Dabadie avait déjà écrit la conclusion de ce modeste ouvrage qui tente de célébrer un auteur ne bénéficiant pas encore du qualificatif de « majeur ». Cela ne saurait tarder. À travers le texte d'une magnifique chanson écrite en 2002, *Le temps qui reste*, et devant être dit par Serge Reggiani, Dabadie nous apporte une clé de la question existentielle que tout le monde se pose et par laquelle nous allons conclure :

Combien de temps, combien de temps encore ?
Des années des jours des heures, combien ?

Mais Dabadie est un optimiste et, par trois fois, il va écrire : « *Je l'aime tant le temps qui reste* », même si immédiatement cette joie de vivre est tempérée et assombrie comme des nuages dans un ciel d'orage. Dabadie lance par deux fois, dans un cri, comme un défi au destin :

J'ai pas fini, j'ai pas fini !

Que n'a-t-il pas fini ? Existe-t-il dans un court texte autant de verbes d'action que d'adjectifs dans la célèbre lettre de Mme de Sévigné racontant à sa fille le prochain mariage de Lauzun ? Il y a *rire* et *pleurer*, *aimer* et *souffrir*, comme si les deux choses étaient indissociables ! *Parler*, *danser*, *chanter* et *jouer* ! *Manger* et *boire* (des bateaux entiers de vin de Bordeaux) ! *Partir* et *repartir* ! *Voir* et *croire* ! *Voler*, *courir*, *bondir* et *nager* !

Agir n'est pas une fin en soi. Pour Dabadie, il y a encore tant de gens à rencontrer, à commencer par les enfants et les femmes ! Même des hommes dont il connaît si bien les faiblesses : des grands, des petits, des tristes, des marrants, des très intelligents et surtout des cons : « C'est drôle, les cons, ça repose ! »

Il y aura bien un jour où l'orchestre ne jouera plus, où les avions resteront au sol, où le temps lui-même s'arrêtera. Mais est-ce si grave ? Pas pour Dabadie, qui assure, à travers la voix de Reggiani : « *Je ne sais pas où, je ne sais pas quand, mais je t'aimerai encore.* »

Dans le manuscrit original à l'élégante écriture déliée de ce texte sublime, un œil avisé découvre sur le côté droit, écrit horizontalement « *Dés-espérances* ».

Juste rappel du caractère « mélancomique » de Dabadie. Comment passer du rire aux larmes, de l'espoir à la nostalgie. Mais dans l'équilibre et la subtilité. Dans l'élégance. Voilà pourquoi il nous manque tant.

Remerciements

Mes premiers remerciements iront naturellement à Laurent Nunez et à Muriel Beyer, avec qui il est si agréable, stimulant et enrichissant de travailler sur un livre.

Il serait fastidieux d'expliquer à chaque fois les différents apports à ce livre des nombreux témoins de la vie de Jean-Loup Dabadie. Néanmoins, il était important pour l'auteur de rappeler que, sans eux, il aurait été très compliqué de rédiger cet ouvrage : Véronique Dabadie, Clémentine Dabadie, Gilles Jacob, Alain et Jean-Claude Sussfeld, Frédéric Bonnaud, Thierry Frémaux, Alain Terzian, Olivier Barrot.

Enfin, un remerciement très particulier à Alexandre Bompard, pour toute une série de raisons et avec qui je passe trop de soirées et de nuits à échanger par SMS des dialogues de Jean-Loup Dabadie, ainsi qu'à ma première lectrice, qui connaît parfois mieux que moi lesdits textes.

Table

PARTIE 2

RELATIONS HUMAINES

PARTIE 3
VIE QUOTIDIENNE

Composition et mise en pages
Nord Compo à Villeneuve-d'Ascq

CET OUVRAGE
A ÉTÉ ACHEVÉ D'IMPRIMER
SUR ROTO-PAGE
PAR L'IMPRIMERIE FLOCH À MAYENNE
EN SEPTEMBRE 2023

N° d'impression : 103314
Imprimé en France